개꿀야그

개꿀 야그

초판 인쇄 2018년 1월 15일
초판 발행 2018년 1월 20일

이강래 엮음

펴낸곳 문지사
등록 제25100-2002-000038호
주소 서울특별시 은평구 갈현로 312
전화 02)386-8451/2
팩스 02)386-8453

ISBN 978-89-8308-251-0 (03120)

값 12,000원

개꿀야그

이강래 엮음

문지사

차례

야그 1

모기 부부의 사랑

모기 부부의 사랑

　　모기 부부가 사람의 피를 배불리 빨아먹고 단잠에 빠져 있었
다. 그런데 시끄럽게 파리가 윙윙거리며 주위를 날아다니는 것이
었다.

　　아내 모기가 남편 모기에게 말했다.

　　"여보! 우리도 인간들처럼 파리약 뿌리고 자는게 어때요?"

　　"암, 좋고말고……"

이제 내 인기를 알겠지

봄비가 촉촉이 내리는 밤이었다. 신혼부부가 침대에서 TV일일연속극을 보다가 결혼 전의 과거를 두고 티격태격했다.

남자가 먼저 불같이 화를 내며 아내에게 말했다.

"날 우습게 보지 말라고. 네가 나 외에 몇 남자를 만났는지 다 알고 있다구."

이에 격분한 아내가 남편의 말을 되받아쳤다.

"정말 치사한 인간이야. 남의 뒷조사까지 했어? 그래 네가 알고 있는 게 몇 명이야?"

약이 오른 남편은 손가락을 세면서 이렇게 대답했다.

"정확하게 다섯 명 아니야?"

그러자 아내는 콧방귀를 뀌면서 말했다.

"정말, 날 우습게 보는군. 적어도 한 다스는 넘었어. 이제 내 인기를 실감하겠지."

무식이 죄야

어떤 어머니가 아들을 군대에 보낸 후 걱정으로 나날을 보내고 있었다.

어느 날 군대 간 아들로부터 반가운 편지가 왔다. 그렇지만 까막눈인 어머니는 편지 내용을 알 길이 없어 글을 아는 사람을 찾아 시장으로 나갔다.

이때 어떤 점잖은 신사 한 사람이 지나가자, 그 어머니는 아들의 편지를 내밀면서 읽어 달라고 부탁했다. 그런데 그 신사는 편지를 한참 보더니 아무 말없이 눈물만 뚝뚝 흘리는 것이었다. 이에 어머니는 아들에게 무슨 변고가 있는 줄 알고 함께 울었다.

마침 이들 앞을 지나가던 방물장수도 함께 울기 시작했다.

한참 후 어머니는 신사에게 물었다.

"도대체 그 편지의 내용이 무엇입니까?"

"죄송합니다. 저도 그 편지 내용이 무엇인지 모릅니다."

"그럼, 왜 울었습니까?"

"글을 몰라 안타까워서 울었답니다. 그럼 아주머니께선 왜 우셨습니까?"

"난 아들에게 무슨 일이 있는 줄 알고 울었습니다. 그런데, 박물장수 아저씨는 왜 우셨어요?"

"나는 당신들 두 사람이 울고 있어 이곳이 우는 장소인 줄 알았습니다."

"에구. 무식이 죄야…."

슬픈 이야기

하나밖에 없는 아들이 조금 모자란 탓에 나이 30세가 되도록 장가를 보낼 수 없어 그 부모의 걱정이 태산 같았다.

보다 못해 정신병원에 입원시켰다.

얼마 후 병원으로부터 완치가 되었으니 데려가라는 연락이 왔다. 아버지가 허겁지겁 정신병원으로 달려가 보니 기다리던 의사가 말했다.

"아드님이 완치되었다는 것을 보여드리겠습니다."

의사 : 이제 다 나았으니 퇴원해서 장가도 가야지 않겠나?

아들 : 그러문요. 장가는 꼭 가야지요.

의사 : 장가는 어떻게 가는 거지?

아들 : 예식장에서 신부와 함께 주례 선생님이 하라는 대로 하면 되는 것이지요.

의사 : 그런 다음에?

아들 : 별걸 다 물어보시는군요. 당연히 신혼여행을 가서 첫날밤을 치뤄야죠.

의사 : 첫날밤에 무얼 하는데?

아들 : 호텔에서 함께 자면서 신부의 치마를 벗긴 다음, 속치마까지 벗기지요.

의사 : 그 다음에는?

아들 : 브래지어를 벗겨요.

의사 : 그 다음에는?

아들 : 그것을 어떻게 다 말해요.

의사 : 괜찮아, 여긴 간호사도 없고 남자 끼리니까, 말해 봐.

아들 : 음, 팬티도 벗겨야지요.

의사 : 그 다음에는?

아들 : 팬티에서 고무줄을 빼가지고 새총을 만들어 신부를 쏘아야지요.

의사 : ….

이건 나라시야

'야타' 한 번 당해 보길 소망하던 한 아가씨가 어느 날 혼자 길을 가다가 드디어 건수를 잡았다.

한 야타족이 걸려들었다.

"아가씨, 어디까지 가요?"

그녀는 잠시 빼는 척 하다가 차에 올라탔다.

"사실, 나 야타 한 번 당해 보는 게 소원이었어요."

그러자 그 야타족이 말했다.

"아가씨, 이건 나라시*야."

*나라시 : 불법 영업하는 일반 승용차.

어떤 망상

자신을 쥐새끼라고 여기던 사내가 정신병원에서 퇴원했다.
그런데 병원 출구에서 딱 버티고 선 채 나가려고 하지 않았다.
의사가 그 이유를 묻자,
"저기에 고양이가 있어요."
"하지만 환자는 이제 더 이상 쥐가 아니잖아요?"
"그렇지만 고양이는 모르지 않겠습니까?"

풀 뜯어 먹으려고!

한 아가씨가 엉덩이 쪽에 토끼가 그려져 있는 다소 비싼 팬티
를 사 입은 첫날 기분 좋게 잠을 잤다.
그런데 아침에 일어나보니 토끼 그림이 앞쪽으로 와 있어 그
까닭이 너무 궁금한 나머지 팬티의 토끼에게 물어보았다.
"얘, 넌 왜 앞에 와 있니?"
이에 토끼가 대답했다.
"풀 뜯어 먹으려고."

웬 5만 원?

부산 광안리에 각종 주류를 파는 카페가 있었는데, 그 카페의 단골 손님 중에 돈이 없어 항상 소주만 마시는 친구가 있었다.

그 날도 어김없이 소주 한 병을 마시자 기분이 좋아졌다. 어쩌면 좋은 건수 하나 올릴 수 있겠다는 막연한 마음으로 광안리 해변의 모래사장을 한가하게 거닐었다.

한참을 걷다가 모래사장에 누워 하늘을 올려다 보다 그만 잠이 들고 말았다. 그때 한 신사가 그곳을 지나다가 잠들어 있는 그 친구를 발견했다.

그 신사는 젊은이를 업고 광안리 비치호텔로 들어갔다.

다음날 아침, 그는 깜짝 놀랐다. 눈을 떠보니 호텔 방안에 자신이 누워 있는 게 아닌가. 이상하게 생각하며 일어나서 나오려는데 머리맡의 탁자에 5만 원이 놓여져 있었다.

'웬 5만 원?'

슬쩍 호주머니에 찔러넣고 나와서 곧장 단골 카페로 갔다.

"기분 째진다. 아저씨, 오늘은 소주 2병 주세요."

그렇게 소주 2병을 다 마시고는 다시 광안리에 가서 쓰러져 잠이 들었다. 그러자 어제의 그 신사가 다시 나타나서 그를 업고 호텔로 갔다.

다음날 아침, 그가 일어나 보니 어제와 마찬가지로 5만 원이 그 자리에 놓여 있었다.

그는 그 기묘한 상황을 알아보고자 다시 단골 카페에서 소주 2

병을 마셨다. 그는 이번엔 정신을 잃지 않겠다고 다짐을 하며 광안리로 갔다.

그러나 다짐과는 달리 또 다시 정신을 잃게 되었고, 다음날 아침 호텔방에서 정신을 차려보니 이번엔 10만 원 짜리 수표가 놓여 있었다.

'정말 골 때리네.'

그리고는 다시 단골 카페로 갔다.

"아저씨, 오늘은 패스포트 한 병 주세요."

"아니 손님, 오늘은 왜 소주를 안 마시고?"

"아이구, 말도 마세요, 요즘은 소주만 마시면 아침에 똥구멍이 아파요."

누가 그것까지 들랬어?

어느 여대생 기숙사에서 작은 축제 파티가 벌어졌다.

마침 그 곁을 지나가던 한 젊은 친구가 떠들썩한 방안에 호기심을 느끼고 창문 틈에 눈을 갖다댔다.

그런 줄은 꿈에도 모르는 여대생들은 술이 점점 취하자 기분 내키는 대로 옷을 전부 벗어 던지고 춤을 추었다.

숨어서 보고 있던 친구의 그것이 흥분한 나머지 바지 앞자락을 뚫고 나와 유리창을 깨고 말았다.

이에 놀란 여대생 하나가 재빨리 호신용 가스총으로 꺼내 들고 소리쳤다.

"손 들어!"

젊은이는 엉겁결에 손을 들었다. 그러자 그 여대생이 얼굴을 붉히며 하는 말,

"손만 들랬지, 누가 그것까지 들랬어?"

그게 다야?

결혼식 다음날, 회사의 같은 팀 박대리가 신혼여행에 가 있을 시간에 재수 없다는 낯빛으로 출근을 했다.

입사 동기인 김대리가 술을 한 잔 사며 물었다.

"웬일인가, 벌써 신혼여행에서 돌아왔어? 자네 안사람은 누구나가 선망하던 비서실의 꽃이 아니던가."

"그래서 신혼여행 떠날 때는 즐거웠지. 그런데 그날 신혼밤이 문제였어."

"혹시 자네 남성에 무슨 문제라도……?"

"그게 아니었네, 그 여자가 처음에는 '박대리님, 즐거워요. 이렇게 사랑받는 결혼을 하게 되어서……'라고 말하는 거야. 그러더니 조금 시간이 지나자, '정말 즐거워요, 이과장님……' 또 얼마 후에는 '너무 좋은 것 있죠, 오부장님……' 그리고 마침내는 '이제 그만…… 견딜 수 없어요! 역시 사장님이 최고예요!'라고 하는 거야!"

"그게 다야?"

"더 있다면 그 여자 배 위에서 졸도했을 거야."

잠자코 듣고 있던 김대리가 일그러진 얼굴빛으로 혼잣말 하듯 중얼거렸다.

"나는 별볼일 없었다 이거지……."

팩스가 언제 들어왔지?

우연히 학교 동창 셋이 사우나에서 만났는데, 그중 둘은 꽤나 잘 풀린 사람이었다. 나머지 한 명은 기가 죽어 그들에게 말도 못 붙이고 있었다.

그때 성공한 친구 중 한 명의 팔에서 '삑'하는 소리가 났다. 이 소리에 놀란 친구들이 까닭을 묻자, 그는 이렇게 대답했다.

"아, 이거? 별거 아니야. 삐삐칩을 피부에 이식했더니만…."

이 말이 끝나기가 무섭게 성공한 다른 친구의 손목에서 전화벨 소리가 울리자, 그는 누군가와 통화를 했다. 통화가 끝나자 그 친구는 이렇게 자랑했다.

"손목에 마이크로 칩을 이식시켜 휴대폰에 전화가 오면 손목으로 받거든."

기가 죽은 친구는 엄청난 열등감에 눈치만 살피다가 슬그머니 밖으로 나갔다가 들어왔는데, 그만 볼기짝 사이에 휴지가 끼워져 있는 걸 미처 몰랐다.

잘 나가는 친구들이 낄낄대면서 말했다.

"야, 일을 봤으면 뒤처리를 깨끗하게 해야지…."

그러자 그 친구는,

"어허! 팩스가 언제 들어왔지?"

주전객도

  돈도 많고 자비심 많은 한 상인이 가난한 사람들에게 정기적으로 돈을 보내주고 있었다.

  한편 그렇게 주는 돈을 한 번도 걸르지 않고 10만씩 받아가는 남자가 있었다.

  어느 날, 여느 때와 같이 돈을 받으러 오자 그 독지가의 비서가 웬일인지 5만 원밖에 주지 않았다.

  "잘못 주시는 것 아닙니까?"

  "오늘부터는 5만 원밖에 드리지 못합니다."

  "왜죠?"

  "실은 사장님의 따님이 결혼을 하거든요. 혼례 비용에 많은 돈이 들어가기 때문입니다."

  "그래요!"

  "그럼 사장님께 대신 물어봐주세요. 어째서 자기 딸을 결혼시키는데, 내 돈을 쓰는 이유가 뭔지를요."

만족해요

딸 셋을 모두 출가시킨 늙은 어머니가 너무 적적해 시집간 딸들에게 안부 편지를 보냈다. 그러자 큰딸은 '초이스'라는 커피를, 둘째딸은 '말보로' 담배를, 그리고 마지막으로 셋째딸은 '새마을호'라는 회답을 각각 보내 왔다.

늙은 어머니는 먼저 초이스 커피 뚜껑을 열어봤지만, 무슨 뜻린지 알 수가 없었다. 그런데 커피병 뚜껑을 닫으려고 하자, 거기에 'Taste good'이라는 글자가 눈에 띠어 그걸 보고 늙은 어머니는 큰딸 부부가 아주 재미있게 산다는 것을 알았다.

그 다음엔 둘째딸의 '말보로' 담배를 피워 봤다. 하지만 기침만 날 뿐 역시 그 뜻을 알 수 없었다. 그런데 담배갑을 자세히 살펴보니 'Long and strong'이라는 글귀가 적혀 있었다. 그것을 보고 노모는 '둘째딸 역시 잘 살고 있구나!'하고 안심했다.

이번에는 셋째딸의 회답 내용을 알아보기 위해 서울역으로 나갔다. 그런데 대합실에 들어서자 스피커에서 다음과 같은 안내 방송이 흘러나왔다.

"새마을호는 비가 오나 눈이 오나 매일 2회씩 정기적으로 운행하고 있습니다."

그제서야 이 늙은 어머니는 딸들이 모두 잘 살고 있다는 것을 알고 흐뭇해 하며 집으로 돌아왔다.

연필깎기 인형

정신병원에서 한 환자가 연필깎이를 가지고 인형 놀이를 하고 있었다.

"자장자장 우리 아기. 엄마가 재워줄테니 어서 자거라."

의사가 그 광경을 보고 환자의 곁으로 가 다정하게 말했다.

"그 아기 참, 예쁘네요. 몇 살이지요?"

환자는 의사를 쏘아보며 화를 벌컥 냈다.

"당신 혹시 돈 사람 아니오? 연필깎이의 나이를 물어요?"

"음…….."

의사가 돌아가자 환자는 연필깎이를 끌어안으며 작은 소리로 속삭였다.

"아기야, 널 탐내는 사람이 많지? 하지만 걱정할 것 없단다. 이 엄마가 널 연필깎이라고 말했단다. 잘 했지?"

그냥 누면 콧구멍으로 들어가요

아버지가 오줌을 누고 있는 아들에게 말했다.

"요즘 애들은 너무 허약하단 말이야. 아버지가 젊었을 때는 그렇게 오줌 줄기가 처지지 않았단다. 시원하게 뻗쳤지."

그러자 아들이 하는 말,

"누르지 않고 누면 콧구멍으로 들어가는데두요?"

착각한 희망 사항

어떤 사내가 시내버스를 타고 가는데, 마침 그 옆 맞은 편에 앉은 어여쁜 아가씨가 무릎에 강아지를 올려놓고 계속 쓰다듬고 뽀뽀를 하고 있었다.

이 광경을 바라보던 사내의 입에서 탄식이 절로 흘러나왔다.

"아, 내가 저 강아지였으면!"

이 소리를 들은 아가씨가 깔깔거리면서 이렇게 말했다.

"전 이 녀석을 중성화 수술을 시켜주려고 병원에 데려가는 거예요. 진짜 이 녀석이 부러워요?"

어떤 성추행

어떤 미모의 아가씨가 버스정류장에서 자신이 기다리던 버스가 도착했지만, 치마가 너무 꽉 조여서 버스를 탈 수 없었다.

할 수 없이 그녀는 치마 뒤쪽의 지퍼를 내렸으나 웬일인지 지퍼가 내려가지 않았다. 계속 시도했지만, 여전히 마찬가지였다.

마지막으로 한 번 더 지퍼를 내리려고 손을 뒤로 했는데, 다른 사람의 손이 만져졌다. 화가 난 그녀가 뒤를 돌아보자 멀쩡하게 생긴 남자였다.

"이봐요, 지금 무슨 수작을 하는 거예요?"

이 말을 들은 신사가 조용하게 말했다.

"이봐요, 아가씨. 그건 오히려 내가 할 말인데요. 아까부터 계속해서 내 바지 지퍼를 내리고 있는데, 그 진짜 이유가 뭐죠?"

교장 선생님의 과외수업

초등학교 3학년 아이가 수업을 마치고 귀가하려는데 운동장 한쪽 구석을 보니 자기네 개가 6학년 아이네 집 개랑 꼬리를 맞대고 있는 것이었다.

하지만 그게 도대체 뭘 하는 건지 알 수가 없었다. 그때 마침 교문 안으로 들어오는 교장 선생님을 붙잡고 물었다.

"교장 선생님. 지금 저 개들이 무얼하는 건가요?"

난감한 교장 선생님이 머뭇거리다가 대답했다.

"응, 지금 저 개들은 줄다리기를 하고 있는 거란다."

그러고는 서둘러 교장실로 갔다.

조금 후 6학년 아이가 교실 밖으로 나왔는데, 자기 집 개가 있는 것을 발견했다. 그런데 그 옆에서 3학년 아이가 구경하고 있었다.

"너 지금, 여기서 뭐하니?"

"응. 형아네 개랑 우리 개가 줄다리기를 하고 있는데, 내가 심판을 보고 있는 중이야!"

이에 6학년 아이가 퉁명스럽게 물었다.

"야. 바보야! 저게 니 눈엔 줄다리기로 보이냐?"

"방금 교장 선생님 가르쳐 주었는 걸."

이 말을 들은 6학년 아이는,

"저런 것도 모르는 선생이 교장이라니……."

그걸 좀 뽑아주세요

한 친구가가 신혼여행에서 돌아온 다음날, 친구들이 모여 그의 행운을 축복했다. 차츰 술 기운이 돌기 시작하자 장난기가 심한 친구 하나가 입을 열었다.

"야, 약속대로 첫날밤 일을 자세히 보고해!"

"뭘 그래, 다 알면서."

"그 얘기 안 하면 오늘 술값은 네가 쏘는 거야."

친구들이 닦달하자, 그는 얼굴을 붉히며 실실 웃기만 했다.

"그렇게 실실 웃지 말고 빨리 말해."

"좋아. 얘기할게. …다음날 아침의 일인데."

"야, 누가 다음날 아침 얘길 듣겠어? 첫날밤 얘기를 하라구!"

"글쎄 내 말 좀 들어봐. 다음날 아침에 말야, 집사람이 말하길 '저 화장실에 가야 하는데… 그걸 좀 빼주실 수 없겠어요?' 하더란 말이지."

늦잠이 죄

늦잠을 잔 바람에 남편이 출근을 서둘고 있었다. 막 문을 나서더니 다시 집으로 되돌아오기를 몇 번씩 되풀이했다.

"여보, 내 시계!"

"여보, 내 지갑."

"여보, 내 핸드폰."

"여보, 내 가방."

"아참! 오늘이 무슨 요일이지?"

그러자 아내가 이렇게 말했다.

"일요일이에요."

거북이 커플

한 쌍의 거북이 커플이 러브호텔에 갔다.

얼마 후에 숫놈 거북이가 러브호텔에서 먼저 나왔다.

이를 본 아직 애인이 없는 친구 거북이가 왜 러브호텔에 혼자 들어갔다 나오냐고 물었다.

그러자 그 거북이가 대답했다.

"여친이 아직 일어나지 못해서 나 먼저 나왔어."

아버지의 훈계

어느 날 아들이 날마다 학교를 땡땡이 치고 놀러만 다니자, 아버지가 이에 대해 꾸짖었다.

"링컨 대통령이 너만할 때 뭘했는지 알아?"

"몰라요."

"쉴 틈 없이 공부하고 노력했어."

그러자 아들이 말했다.

"그 사람 나도 알아요. 아버지 나이 때 대통령을 했잖아요?"

"뭐야?"

치마 속에 아무 것도 안 입은 누나?

영자와 순자가 공동으로 투자하여 남자 고등학교 앞에 빵집을 내고 격일제로 가게를 보았다.

이상하게도 영자보다 훨씬 예쁜 순자가 가게를 보는 날은 매상이 보잘 것 없는 반면에 영자가 보는 날에는 남학생들이 몰려와 매상이 많이 오르는 것이었다.

순자는 영자보다 매출이 떨어진다는 것에 자존심이 상했다. 그래서 화장도 짙게 하고 옷도 신경 써서 입었다. 하지만 마찬가지 여전히 효과가 없었다.

그날도 순자는 파리를 날리며 가게에 앉아 있었다. 그런데 세탁소 개구쟁이 꼬마 녀석이 빵집 안을 기웃기웃하면서 순자에게 물었다.

"누나, 오늘은 치마 속에 아무것도 안 입은 누나가 나오는 날이 아니야?"

우리 집은 단층집

어떤 남자가 예정보다 빨리 출장에서 돌아와 문을 두드리자, 한참 후에 아내가 문을 열어주어 집안에 들어가게 되었다.

남편이 손을 씻으려고 욕실로 가려고 하니까, 아내는 당황하며 극구 말리는 것이었다.

"아니, 당신 왜 그러는데?"

남편은 아내의 말을 듣지 않고 문을 열었다. 그런데 처음 보는 젊은 친구가 웅크리고 앉아 있었다. 그 친구는 남편을 보자 조금도 당황하는 빛도 없이 침착한 어조로 말했다.

"죄송합니다. 실은 2층 아주머니와 가까이 지내는 사람입니다만, 오늘 느닷없이 남편되시는 분이 일찍 돌아와서 2층 창문을 통해 댁의 욕실로 피신해 온 것입니다. 죄송하지만 댁의 현관으로 나가게 해주십시오."

남편은 씽긋 웃으며 청년을 내보내주었다.

이윽고 한밤중이 되어 아내는 옆에서 코를 골며 자고 있었다. 아직 잠이 들지 않은 남편이 갑자기 벌떡 일어나 아내의 머리를 주먹으로 쳤다.

"당신, 미쳤어요?"

"이 여편내야. 생각해 보니 우리집은 단층집이거든."

별채

처음 자기 집을 장만한 사람이 친구를 집으로 불러 집안 곳곳을 보여주고 있는데, 친구가 마당에 있는 좀 크다 싶은 개집을 가리키면서 물었다.

"개집에 개가 없네?"

친구가 머리를 긁적이면서 말했다.

"저건 개집이 아니고, 내가 술 마시고 늦게 들어와 마누라가 문을 안 열어줄 때 쓰는 별채라네."

응급조치

어느 초등학교 체육시간에 선생님이 응급조치에 관해 열심히 설명하고 있었다.

"손가락이나 발가락에 상처가 나면 제일 먼저 피가 흐르는 동맥을 끈으로 졸라매어 피를 멈추게 해야 한다."

이때 선생님의 설명을 열심히 듣고 있던 한 아이가 손을 번쩍 들고 질문을 했다.

"선생님, 그러면 머리를 다쳐 피가 날 땐 목을 꽉 졸라야 합니까?"

복덕방

  팔려고 내놓은 집을 부동산 중개인과 매수자가 집을 돌아보고
있었다. 부동산 중개인은 입에 침을 튀기며 연신 그 집의 장점에
대해 말했다.

  마지막으로 뒷마당을 보여주며 대단히 쓸모가 많은 마당이라
며 칭찬을 늘어놓았다. 그 뒷마당에는 작은 창고도 하나 있었다.

  "이것 저것 집안 살림살이를 보관하기에도 좋고 아이들의 자
전거 두기에도 안성맞춤이지요. 보세요, 얼마나 널찍합니까?"

  그렇게 말하고 그 중개인이 창고문을 열어 젖히는 순간 창고에
서 쥐새끼 한 마리가 튀어나왔다.

  그런데 작은 쥐에 이어 커다란 쥐가 집을 보려온 사람 앞에서
펄쩍 뛰었다. 그 모습에 집 보러 온 사람이 깜짝 놀라자 중개인이
얼른 둘러댔다.

  "그리고 생각해 보세요. 댁의 고양이가 얼마나 좋아하겠습니
까!"

하느님의 판단

어떤 엄마가 아들을 나무랄 때면 이렇게 타일렀다.

"너 그러면 하느님이 좋아하지 않는다."

그러나 꼬마가 하는 짓이 걷잡을 수 없을 땐,

"너 그러면 하느님이 노하신다."

이런 충고가 아이에게 충분히 효과가 있었다.

그런데 어느 날 저녁, 꼬마 녀석이 막무가내로 식사 후 후식으로 나온 수박을 먹으려 하지 않았다.

그러자 아이의 어머니는 이렇게 말했다,

"이제 하느님이 노하실게다."

밤이 되어 아이가 제 방에 잠자러 들어간 후 엄청난 폭우가 쏟아지자, 어머니는 어린 아들이 하느님의 노여움에 그만 크게 놀랐을 것이라 생각한 나머지 아이를 달래주려 아이의 방으로 갔다.

하지만 뜻밖에 아이가 창가에서 폭우를 내다보고 있는 모습을 보고 저으기 놀랐다. 이런 엄마를 보고 아이가 말했다.

"엄마, 하느님 너무 오버하는 것 같아. 수박 좀 안 먹었다고 이렇게 난리를 피우잖아"

장례식의 '장'자를 어떻게 써요?

　암 투병 중인 남편의 병상 옆에서 아내가 친척들에게 보낼 편지를 쓰고 있었다. 그 모습을 물끄러미 바라보던 남편이 말을 걸었다.

　"여보, 가망 없겠지?"

　"자기도 참! 그게 무슨 소리예요! 당신은 분명히 이겨낼 거예요."

　"그…그래. 빨리 나아서 함께 여행도 가야지."

　"그렇게 될 거예요."

　남편의 물음에 대답한 아내는 계속해서 편지를 쓰다가 이렇게 말했다.

　"저기… 장례식葬禮式의 '장'자를 한자로 어떻게 쓰지요?"

맹세할 수 있습니까?

　신록이 눈부신 언덕 위의 아담한 교회에서 결혼식이 거행되고 있었다.

　목사가 신부에게 물었다.

　"당신은 이 남자를 남편으로서 평생을 두고 사랑할 수가 있습니까?"

　"네!"

　"정말인가요?"

　"네!"

　"틀림없습니까?"

　"네!"

　"맹세할 수 있습니까?"

　참다 못한 신랑이 마침내 입을 열었다.

　"목사님! 왜 아내에게 그런 다짐을 되풀이하세요?"

　그러자 목사는 침통한 얼굴로 말했다.

　"실은 내가 이 여인을 사랑하기 때문입니다."

우 월감

70세가 다 된 노인이 길에서 친구를 만나 인사말로 요즘 어떻게 지내고 있느냐고 근황을 물었다.

그러자 노인의 친구는 강간죄로 6개월간 감옥에 갔다 왔다고 했다.

"뭐, 강간죄? 아니, 자네 나이에 그랬다는 말인가? 난 또 그런 터무니없는 이야기는 처음일세."

"나 역시도 터무니없다고 생각하네."

노인의 친구가 다시 말을 이었다.

"난 어찌나 우쭐댔던지 일부러 유죄가 되도록 떠벌렸지 뭔가!"

자네 부인 집에 계시나?

"아, 이빨이 아파 죽겠어. 뭐 좋은 약이 없을까?"

"그럼 내가 좋은 비법을 말해 줄까?"

"말 좀 해보게."

"어제 나도 이가 몹시 아팠다구. 집에 가서 이가 아파 죽겠다고 했더니 아내가 입을 맞추며 위로를 해주자, 그 아프던 이가 씻은 듯이 낫지를 않았겠나. 자네도 가서 한 번 시험해 보라구."

"그래? 나도 한 번 시도해 보지. 지금 자네 부인 집에 계시나?"

도둑의 초대

신접살림을 시작한 신혼부부에게 연극표 두 장이 우송되어왔다. 표를 보낸 사람은 신분을 밝히지 않았다.

젊은 부부는 이름을 밝히지 않은 그 사람의 호의에 충심으로 감사하면서 그 연극을 보러 갔다.

극장에서 돌아와 집에 와 보니 결혼 축하로 받은 선물들이 하나도 남김없이 없어졌다. 그리고 다음과 같은 쪽지가 있었다.

「연극은 재미있었습니까? - 표를 보낸 사람-」

약혼 축하 편지

서울에서 직장을 다니고 있는 아들이 약혼했다는 소식을 들은 어머니가 축하의 편지를 썼다.

「사랑하는 아들아! 참으로 반가운 소식에 고마운 마음이다. 너의 아버지와 나는 네가 훌륭한 여성과 결혼하기를 가장 큰 소원으로 바라고 있단다. 한 집안의 영광이며 가장 귀중한 하늘의 축복이란다. 아내는 남편의 성공을 뒷바라지 하는 내조자요, 조언자며 가정의 불행을 막는 협력자며, 일생의 동반자로 가장 사랑스런 존재란다.」

그런데 그 편지 끝에는 다음과 같은 다른 필적의 글이 덧붙여졌다.

「너의 어머니가 우표를 사러간 사이에 내가 따로 적는 추신이다. 사랑하는 내 아들아, 독신을 고수하라. 이 젊은 바보야, 너는 결혼이 얼마나 고통스러운지 모를 게다. 결혼은 인생의 무덤이라는 것을 명심하거라. 아버지로부터.」

출세의 명약

외근하다 회사에 돌아온 과장이 물었다.

"나 없는 사이 또 그 녀석이 술 마시고 발광했다면서?"

"네, 늘 하던 그대로 책상 위에 발을 얹고 아무에게나 함부로 욕지거리를 퍼붓고…… 그랬죠."

"그 녀석 술만 안 먹으면, 지금쯤 대리는 되었을텐데."

그러자 그 부하 직원은,

"그 친구 술만 마시면 바로 사장이 되는데요, 뭐."

새로운 취미

술, 담배, 여자 좋아하는 남자가 자기 친구에게 말했다.

"난 지금부터 새롭게 살 작정이야. 술도 끊고, 담배도 끊고. 게다가 여자도 멀리하기로 했네."

"그것 잘 생각했군."

"그 대신 새로운 취미가 한 가지 생겼다네."

"뭔가?"

"지금처럼 거짓말하는 재미를 가질걸세."

"뭐…?"

선교사와 호랑이

외국 선교사가 처음 낯선 한국에 와서 이 마을 저 마을을 두루 다니면서 서툰 한국말로 전도를 하고 다녔다.

밤이 으슥하여 산길을 가고 있는데, 백보 가량 뒤에서 호랑이가 두 눈에 불을 켜고 쫓아오는 것이었다. 선교사는 죽을 힘을 다해 도망쳤지만 역부족이었다.

선교사는 달아나던 걸음을 멈추고 무릎을 꿇고 하나님에게 마지막 기도를 드렸다.

"하나님, 호랑이에게 물려 죽더라도 천국에는 가게 해주시옵소서."

기도를 마치고 눈을 떴다. 그런데 놀랍게도 호랑이가 옆에 앉아 기도를 하고 있었다.

"너도 주님을 믿는 거냐?"

"응."

"지금 무얼 기도한 거냐?"

"응. 나에게 맛있는 고기를 주어 고맙다고."

야그 2

당신은 흔들었잖아!

변기통 낚시

정신병원에서 치료를 받고 있는 환자가 변기통에 낚싯대를 넣어 낚시를 하고 있었다. 이를 본 의사가 말했다.

"고기 좀 잡았습니까?"

그러자 환자는 퉁명스럽게 대꾸했다.

"선생님, 미쳤어요? 변기통에 무슨 물고기가 살아요? 나, 원참."

이 말을 들은 의사는 이 환자의 병이 나은 것 같아 흐뭇한 미소를 지으면서 돌아갔다. 환자는 뒤돌아가는 의사를 보면서 혼자 중얼거렸다.

"정말 누굴 호구로 아나. 내가 어떻게 찾은 기가막힌 포인트인데…."

땅부자

백만장자가 죽어 성대한 장례식을 거행하고 있었다.

그런데 장례식장 한구석에서 아주 큰 소리로 슬피 울고 있는 남자가 있었다.

장례식이 끝나고 유족들이 그 남자에게 물었다.

"혹시 고인과 어떤 관계인지요?"

남자는 고개를 옆으로 흔들며 한층 더 소리를 높여 울었다.

"우리가 모르는 친척 중 한 분인가요?"

그 말에 남자는 더욱더 크게 울면서 말했다.

"그렇지 않으니까 울고 있는거요."

당신은 흔들었잖아

산책하던 남녀가 나무 급한 나머지 길에서 오줌을 누다 경찰관에게 들켜 남자 3만 원, 여자 2만 원의 벌금이 부과되었다.

남자는 왜 자기가 더 내야 하는지를 따졌다.

그러자 경찰이 하는 말,

"당신은 흔들었잖아."

쥐와 고양이

어느 동물 모임에서 술을 진탕으로 마신 쥐가 고양이에게 주정을 부렸다.

"야, 고양이. 너, 잘 만났다. 오늘 나한테 혼 좀 나 볼래?"

기가 막힌 고양이가 웃으면서 쥐를 내려다보았다.

"취했군. 술 깬 뒤에 보자."

그러자 쥐가 대구를 했다.

"술 안 깨게 또 마실 거야. 또 마시면 돼,"

내가 그년하고 결혼했잖아!

결혼 전부터 질투심이 강한 아내와 결혼한 남편이 밤마다 애를 먹고 있었다.

"자기, 결혼 전에 사귀던 여자 있었지? 말해 봐, 얼른?"

"있었지."

"정말? 사랑하는 사이였어?"

"그럼. 뜨겁게 사랑했었지."

"두 사람이 뽀뽀도 했겠네?"

"당근이지."

열 받은 아내는 눈에 불을 켜면서 계속해서 질문을 던졌다.

"지금도 그 여자를 사랑해?"

"물론이지. 내 첫사랑인데."

아내는 화가 머리 끝까지 올랐다.

"그렇다면 그 년하고 결혼하지. 왜, 나랑 했어!"

"난 지금도 그 년하고 결혼해서 잘 살고 있잖아."

바이킹 타는 것 같았어

좀 모자라는 아가씨가 결혼을 했다.

동창회에 나온 그녀에게 친구들이 조롱 삼아 남편과의 그 일에 대해 짓궂은 질문을 했다.

"어땠었니? 얘기 좀 해봐."

그녀는 고개를 푹 숙이고 기어드는 목소리로 겨우 말했다.

"그냥 뭐, 바이킹 타는 것 같았어."

순결 교육

학교 친구들과 MT를 가는 딸에게 어머니가 교육을 시켰다.

"만일 남자가 손목을 잡으면 어쩔테냐?"

"뿌리쳐야죠."

"그럼 네 몸을 더듬으려고 하면?"

"무조건 반항해야죠."

"옳지, 그래야지. 그럼 키스를 하려들면?"

"온몸으로 반항해야죠."

"아! 장하다, 내 딸. 그럼 옷을 벗기려들면?"

"엄마는 참… 그 정도까지 갔는데, 어떻게 더 버텨!"

이봐 줄 서!

바람둥이 아내와 살고 있는 남편이 있었다.

그는 아내의 불륜 현장을 잡기 위해 출장을 떠난다고 거짓말을 한 뒤 몰래 집에 돌아와 밤이 되길 기다렸다. 예상대로 아내는 불륜을 저지르고 있었다.

화를 참지 못한 그는 집에 들어가기 위해 현관으로 달려갔다. 그런데 바로 그 때, 누군가 뒷덜미를 잡아채며 말했다.

"이봐 줄 서!"

콩 판 돈이야

갓 결혼한 신부가 틈만 나면 자신의 패물함을 보면서 행복한
웃음을 짓곤했다.

궁금증을 참지 못한 남편이 어느 날 물었다.

"도대체 매일 패물함을 보면서 웃는 까닭이 뭐야?"

이에 아내는 패물함 속을 보여주었다. 거기에는 콩 세 알과 돈
3만 원이 들어있었다. 남편의 궁금증은 더 커졌다.

"이 콩은 뭐지?"

"사실은 내가 자기 만나기 전에 다른 남자와 한 번 할 때마다
하나씩 넣어둔 콩이야. 자기 이해하는 거지?"

"음, 그… 그럼, 이해해. 그런데 그 돈은 뭐지?"

"아, 이거… 콩 판 돈이야."

배멀미 약이에요

결혼식 하루 전날, 삼촌과 어린 조카가 얘기를 나누었다.

"삼촌, 신혼여행 가면 뭐해?"

"으응, 배 타."

"어떤 배?"

"노 젓는 배."

"재미있겠다. 나도 가서 함께 타면 안 돼?"

"안 돼. 일인용이야."

"그럼 아줌마는 뭐해?"

"밑에서 구경만 할 거야."

"왜?"

"무서워서. 하지만 조금 지나면 아줌마도 무서워 하지 않을 거야."

"많이 탈 거야?"

"응. 밤새도록."

"그러다 멀미하면?"

"삼촌은 배 타는 데는 도사라서 그럴 일이 없어."

"그래두…."

결혼식날 아침, 조카가 삼촌에게 작은 봉지를 건넸다.

"이게 뭐니?"

"멀미 약이야. 혹시 모르니까."

바로 거기에요

야간 침대열차 윗칸에 자리잡은 중년 남자가 잠 잘 준비를 하다가 그만 가발을 아래칸 침대로 떨어뜨렸다. 아래칸 침대에는 욕심스럽게 생긴 아주머니가 잠에 빠져 있었다.

남자는 팔을 뻗어 아래칸 침대를 여기 저기 더듬어가며 가발을 찾았다.

한참 찾고 있는데, 아래칸 아주머니의 목소리가 들려왔다.

"맞아요! 바로 거기에요."

겁을 잔뜩 먹은 남자는 손으로 확인해 본 후 말했다.

"아닙니다, 아주머니. 제 것은 가운데 가르마가 없거든요."

첫 남자

신혼 첫날밤, 막 일을 끝낸 부부가 사랑의 대화를 나누었다.

"자기야, 지금 솔직히 말해 봐. 내가 자기의 첫 남자 맞아?"

"맞아, 맞다니까. 그런데 웃겨. 어째서 남자들은 하나같이 같은 걸 묻는지….”

ㄱ 과부가 10억 유산을 내게 주었어

두 친구가 시골길을 달리다가 차가 고장 나는 바람에 멈추고 말았다.

밤 늦은 시간이라 갈 곳이 없는 이들은 마침 가까운 곳에 있는 집을 찾아가 문을 두드렸다. 한참 후에 문이 열리고 중년의 과부가 나왔다.

"아주머니, 차가 고장나서 그러는데, 하룻밤만 묵을 수 없을까요?"

다음날 이들은 아침 일찍 견인차와 함께 집으로 돌아간 몇 달 후였다. 그중 한 친구가 자신이 받은 편지를 들고 함께 사고를 당했던 친구에게 가서 물었다.

"야, 너 혹시 그날 밤 그 과부와 무슨 일 있었니?"

"응, 끝내 줬어."

"혹시 그 과부에게 내 이름을 말한 적 있었어?"

"응. 너 그걸 어찌 알았어?"

"그 과부가 며칠 전에 죽었다는군. 그런데 죽기 전에 변호사를 통해 유서를 남겼는데, 나에게 유산으로 10억을 준다는 편지를 받아서 말이야."

죄인의 ×를 깨물어라

한 바보가 어찌어찌하여 고을 수령이 되었다. 다행스럽게도 부인이 매우 똑똑하여 무슨 일을 당했을 경우 일일이 물어서 해결하곤 하였다.

하지만 재판하는 일만은 그럴 수가 없었다. 하여 재판 때마다 자신이 앉은 자리에서 잘 보이는 곳에 부인을 앉혀 놓고 손짓을 통해 지시하는 대로 일을 처리하였다.

그러던 어느 날, 한 사람이 잡혀 왔는데, 도무지 어떻게 처리해야 할지 알 수가 없었다. 다급해진 수령은 부인이 앉아 있는 쪽을 곁눈질해 보았다. 그러자 부인이 손바닥을 밑으로 엎어 보이는 것이었다.

'아하! 엎어놓고 볼기를 치란 말이지.'

"그 놈을 형틀에 엎어놓고 매우 쳐라!"

사령들이 사정없이 볼기를 내려쳤다. 한참 그렇게 매질을 한 후 수령은 다시 부인쪽을 바라보았다. 그러자 부인이 그만 때리라는 뜻으로 손바닥을 위로 젖혔다.

바보 수령은 그 뜻을 모르고 사령들에게 명을 내렸다.

"그놈을 젖혀 놓아라!"

수령의 명대로 죄인을 똑바로 눕히니, 아랫도리가 벗겨진 죄인의 그것이 그대로 노출되었다.

그 모습을 본 수령 부인은 터져나오는 웃음을 억지로 참으려고 자신의 손가락을 깨물었다.

마침 그 모습을 수령이 보았다.

부인의 다음 지시를 기다리던 수령은 부인의 지시가 다소 이상했지만, 그대로 명을 내렸다.

"여봐라, 죄인의 ×를 깨물어라."

노크도 없이 들어오면 어떡해요!

어느 해수욕장 탈의실.

"어머나! 노크도 없이 들어오면 어떡해요?"

예쁜 수영복 차림의 아가씨가 눈썹을 치켜세우며 관리인 영감에게 쏘아붙였다. 영감은 탈의실에서 사용한 수건을 수거하러 온 것이었다.

"옷은 입고 있었으니 망정이지 어쩔 뻔 했어요?"

그러자 영감은 무덤덤하게 말했다.

"그럴 걱정 안 해도 돼요. 들어오기 전에 반드시 열쇠구멍으로 들여다보고 확인하니까."

꼬리 달린 쪽이 등 아니야?

타잔과 치타가 함께 목욕탕에 갔다. 타잔이 치타에게 등을 밀어 달라고 했다. 그러자 치타는 타잔의 가슴을 밀었다.

이에 타잔이,

"야, 가슴 말고 등을 밀라니까."

그래도 치타는 아랑곳없이 계속 가슴을 밀었다.

타잔이 다시 말했다.

"야, 등을 밀라고, 등을!"

그러자 치타가 볼멘 소리로 말했다.

"네 꼬리가 작긴 해도 아무튼 꼬리 달린 쪽이 등이잖아?"

화면이 안 보이는데

남편이 결혼하고 처음으로 아내의 생일 선물로 팬티 세트를 사다 주기로 마음을 먹고 백화점을 찾았다.

"아가씨, 부인용 팬티 좀 주세요."

"사이즈가 어떻게 돼요?"

"사이즈라, 그건 잘 모르겠고, 어쨌든 24인치 텔레비전 앞을 지나갈 때 화면을 거의 가리더군…."

밖에서 무슨 일 있었어요?

어느 목수가 공사장에서 열심히 일을 하고 집으로 돌아왔다. 그런데 옷을 벗고 손발도 씻기 전에 부인이 보챘다.

이에 남편은 푸념을 늘어놓았다.

"이놈의 세상, 너무 바쁘고 힘들어서 못 살겠어!"

"왜 그래요? 밖에서 무슨 일 있었어요?"

"밖은 무슨, 당신 때문이지. 하루종일 밖에서 못을 박고 들어온 사람한테 또 박아 달라고 하니 내가 무슨 무쇠라도 돼?"

이 말에 부인은,

"아이구, 그런 소리랑 하질 말아요. 당신은 내 신세에 비하면 양반이에요. 나는 하루 왼종일 빨래 빨고 밤이 되면 또 빨아야 하니, 나도 바쁜 몸이에요."

이건 김씨 꺼 아냐

　수녀원에서 수녀를 뽑는 행사가 있었다.
　지망생들이 구름같이 몰려들었지만, 마지막 시험 단계까지 남은 지망생은 겨우 한 명뿐이었다.
　원장 수녀는 마지막으로 순결 테스트를 하기로 했다.
　"이번에는 남자의 그것을 그려 오세요."
　수녀 지망생은 여간 고민이 아니었다. 남자의 그것을 한 번도 본 적이 없었기 때문이다.
　마지막 문제에 속을 태우던 수녀 지망생은 고민 끝에 수녀원 옆 김씨를 찾아갔다.
　"아저씨, 한 번만 보여주세요."
　"뭐? 도대체 이 아가씨가…."
　"전 꼭 수녀가 되야 한단 말이에요. 아저씨, 꼭 한 번만 보여주세요. 네?"
　"음. 좋아. 하지만 빨리 봐야 해."
　김씨는 엄청 빠른 속도로 바지를 내렸다가 올렸다.
　지망생은 그 짧은 순간에 김씨의 그것을 그려 원장 수녀에게 갖다 주었다.
　그러자 원장 수녀가 깜짝 놀라며 하는 말,
　"이, 이거 김씨 거 아냐?"

검은 콘돔

친정 오빠의 장례식을 치르고 돌아와 소복을 벗고 있는데, 남편이 옆으로 다가와서 속삭였다.

"자기, 오늘 밤 굉장히 매력적이네."

그러면서 앞가슴에 손을 집어 넣으려고 하자, 여자가 눈살을 찌푸리며 말했다.

"그만하세요. 우리 친정 오빠가 죽었단 말이에요. 지금 그럴 기분이 아니예요."

그러나 남편은 자랑스러운 듯한 얼굴을 하며 말했다.

"난들 왜 그걸 모르겠어. 그래서 오늘 밤은 특별히 검은 색 콘돔을 쓸거야."

마찬가지다

지방의 돈 많은 노인이 서울 광화문 한복판에서 누더기를 걸친 채 길을 가고 있었다. 마침 이 부자 노인을 잘 아는 사람이 그 모습을 보고 말했다.

"소문난 부자이시면서 이게 무슨 꼴입니까?"

그러자 그 노인은 아무렇지도 않다는 듯이 대답했다.

"여보게, 서울 사람들이 내가 누군지 모를텐데 비단 옷을 입든 누더기를 입든 무슨 상관이겠나."

그 사람은 노인의 말에 깊은 감명을 받았다.

그로부터 얼마 뒤, 그 사람은 노인이 사는 지방에 출장을 갔다가 우연찮게 그 부자 노인을 만났는데, 여전히 누더기를 걸치고 있었다.

"아니, 여긴 어르신의 고향인데도 누더기를 걸치고 계십니까?"

그러자 노인은 이번에도 무덤덤하게 대답했다.

"내가 부자라는 걸 다 알고 있는 이 곳에서 구태여 티를 낼 필요가 어디 있겠나."

말 못 타니까 소를 탔지

갓을 쓰고 소를 타고 가는 사람에게 나그네가 물었다.

"여보시오. 이 마을에 주가酒家가 어디 있소?"

"주가周家는 없고, 박가 정가는 있소이다."

"그게 아니고 술집 말이오."

"술집은 당신 코 밑에 있잖소."

"여보시오. 그 쓴 것이 무엇인데, 그런 말대꾸를 한단 말이오?"

"쓴 것? 그야 곰 쓸개가 쓰지."

나그네는 화가 났다.

"이놈아, 네 대가리에 쓴 것 말이다."

"대가리가 쓴 건 가물 때 오이 대가리가 쓰지."

"예끼, 말 못할 녀석이로군."

"말 못 타니까 소를 탔지."

손놓고

두 남녀가 있었다.

그들은 누가 더 벽에 소변을 높이 보나 내기를 했다.

여자가 먼저 숙달된 경공술로 펄쩍 뛰면서 오줌발을 날렸다.

"하하핫!"

남자가 웃으면서 말했다.

"야! 겨우 60센티냐? 잘 봐."

남자가 가소로운 듯 그 걸 잡고 쏘려는 순간, 여자가 말했다.

"손은 놓아야지."

비결

세 쌍둥이를 낳은 부인에게 예비 엄마가 그 비결을 물었다. 이에 그 부인이 임신 전에 태교를 하면서 '아기 코끼리 삼형제'를 읽었다고 했다.

옆에서 이 말을 들을 예비 엄마의 남편은 기절을 하고 말았다.

왜냐하면, 아내가 읽은 책이 '알리바바와 40인의 도둑'이었기 때문이다.

미국 대통령이 되었겠지

클린턴과 그의 부인 힐러리가 함께 자동차로 시골길을 신나게 달리고 있었다.

얼마쯤 달렸을 때 기름이 떨어져 주유소에 들리게 되었다. 그런데 주유소 직원이 힐러리가 차에서 내리자, 그녀를 향해 갑자기 소리쳤다.

"와우! 힐러리 아냐? 나 모르겠어? 고등학교 때 파티에 함께 어울리곤 했잖아!"

그는 힐러리가 고등학교 다닐 때 사귀였던 남친이었다. 짧은 시간이었지만, 두 사람은 추억을 떠올리며 이런저런 얘기를 나누었다.

기름을 넣고 다시 시골길을 달리던 중 클린턴이 힐러리에게 말했다.

"당신, 나와 결혼한 게 얼마나 다행인지 알아야 해. 만약 저 친구와 결혼했다면, 미국 대통령 부인이 될 수 없었으니까"

힐러리는 클린턴의 말이 끝나기 무섭게 이렇게 답했다.

"글쎄…, 내가 저 친구와 결혼했다면 저 친구가 대통령이 되었겠지."

나도! 나도! 나도!

백설공주가 산에서 길을 잃고 헤매다가 일곱 난쟁이를 만나 그들이 사는 집에 가게 되었다.

"공주님! 피곤하실 텐데, 우선 목욕부터 하시죠. 그 동안 저희들은 밖에 나가 있겠습니다."

그런데 막상 밖으로 나오자, 그들 모두는 백설공주가 목욕하는 모습이 보고 싶었다. 그래서 줄줄이 무등을 타고, 한 명이 환풍구를 통해 본 걸 나머지 여섯 명에게 전달하기로 했다.

드디어 맨 위 첫째 난쟁이가 둘째 난쟁이에게 말했다.

"앉았다."

다시 밑으로 전달되었다.

"벗었다."

그렇게 맨 아래 난쟁이에게까지 전달되었다. 다시 백설공주가 일어서는 모습이 보이자, 맨 위에 있던 난쟁이가 말했다.

"섰다."

그러자 아래에 있던 여섯 난쟁이가 하는 말,

"나도-나도-나도!"

정자은행 몽땅 털리다

은행털이가 밤에 은행에 숨어들었다. 그런데 은행에 돈은 없고 냉장고만 있었다.

혹시나 하는 생각에 그는 냉장고를 열어 보았다. 냉장고에는 떠먹는 요구르트가 가득 있었다. 범행에 실패한 은행털이는 홧김에 그 요구르트를 배가 터지도록 실컷 떠 먹었다.

다음날 아침 신문에 다음과 같은 제목의 기사가 실렸다.

"정자은행 몽땅 털리다!"

봉지에 넣어주세요

'ㅇ'받침을 발음 못하는 꼬마가 있었다.

어느 날 어머니가 아이에게 가게에 가서 꽁치를 사 오라고 했다.

가게에 간 아이가 생선가게 주인에게 말했다.

"꼬치 주세요."

생선가게 주인 아줌마가 말했다.

"얘야, 그건 어묵가게에 가야지."

하고 일러주었다.

아이는 그 말을 듣고 집으로 돌아와 말했다.

"엄마, 꼬치가 없대요."

그러자 어머니는 아이에게 입 모양까지 해가며 열심히 ㅇ 발음하는 법을 가르쳐 주었다.

아이는 다시 생선가게에 갔다.

"아줌마 꽁치 한 마리 주시는데요, 들고 가기 좋게 꼭 ×(봉)지에 넣어주세요."

효과 만점

여자가 의사를 찾아와 자기 남편이 성욕을 전혀 느끼지 못한다고 했다. 의사는 알약을 처방해 주면서 매일 저녁 한 알씩 복용시키면 곧 좋아질거라고 했다.

다음날 그 여자가 다시 의사를 찾아왔다.

"남편에게 그 알약을 한 개 먹이고 효과를 기다려 보았어요. 그런데 아무 효과가 없지 뭐예요. 그러자 남편이 한 알을 더 먹더군요. 몇 분도 안 돼서 기운이 뻗치기 시작하자 식탁 위의 접시들을 한 손으로 쓸어 바닥으로 떨어뜨리고 나를 그 위에 눕히더라구요. 선생님, 그 이의 병이 고쳐졌어요. 하지만 이렇게 효과가 좋을 줄은 정말 몰랐어요."

의사가 입맛을 쩍쩍 다셨다.

"한 번에 한 알 이상 먹지 말라고 단단히 일렀어야 하는 건데. 제 잘못이니 접시 값은 제가 물어야겠네요."

"말씀은 고맙지만, 그러실 필요 없어요. 그 레스토랑에 다시 갈 일은 없을 테니까요."

바보들아! 고무제품은 다 없앴어

정신병원에서 3명의 환자가 탈출을 계획했다. 방법은 자전거를 타고 정문을 정면으로 돌파하는 것이었다.

하지만 병원을 다 뒤져도 신사용과 부인용 2대의 자전거 뿐이었다.

셋은 머리를 짜낸 끝에 자전거 새끼를 만들기로 하고 부인용 자전거 위에 신사용 자전거를 올려놓았다. 그리고는 천막으로 덮어 놓고 10개월이 될 때까지 기다렸다.

하지만 10개월 후에도 새끼 자전거는 태어나지 않았다.

실망한 셋은 정신병원에서 제일 연장자이면서 가장 똑똑한(?) 환자를 데리고 와 현장을 보여주었다.

심각한 표정으로 이리저리 살펴보던 그 똑똑한 환자가 신사용 자전거의 타이어를 가르켰다.

"이 바보들아! 고무제품은 다 없앴어야지."

약 오르지?

두 꼬마가 골목에서 싸움을 하고 있었다.

여자 아이가 인형을 가지고 놀리며 말했다.

"너, 이렇게 이쁜 인형 본 적 있어?"

이 말에 열 받은 녀석이 자신의 고추를 꺼내 보이며 말했다.

여자아이는 무언가를 찾는 듯이 자신의 몸을 이리저리 더듬었다. 그러더니 갑자기 엉엉 울면서 집으로 달려갔다.

그런데 조금 후 다시 온 그 여자아이, 생글생글 웃으며 치마를 번쩍 치켜 올리더니 이렇게 말했다.

"우리 엄마가 그러는데 이것만 있으면, 나중에 그런 고추 많이 가질 수 있는데. 어때, 약 오르지?"

"…?"

복지 아파트

이름이 '복지 아파트'라는 낡은 아파트가 있었는데, 지난 태풍 때 '복'자 밑의 'ㄱ'자가 떨어져 나가서 그만 부르기 민망한 아파트가 되고 말았다.

그래서 주민들이 수차례 건의했는데도 관리소 직원은 웃기만 하고 시정해 주지 않는 것이었다.

어느 날 아파트 주부들이 행주치마에 돌을 담아 가지고 몰려와 농성을 벌였다.

"저놈의 간판을 떼어버려요."

위에서 아래로 씌어져 있는 간판을 향해 일제히 돌팔매질이 시작되었다. 그런데 주부들이 힘이 없는 탓에 맨 아래 글자인 '트'만 떨어져 나갔다.

이제 더 이상 이 아파트의 이름을 누구라도 입에 담기 힘들어졌다.

그때 집단 농성으로 하여 다친 사람을 수송하기 위해서 앰뷸런스가 달려오고 있었다.

"찌보, 찌보, 찌보……"

이어서 소방차까지 달려왔다.

"찌자, 찌자, 찌자……"

이때 집단 농성을 취재하기 위해서 방송국 헬기가 공중을 맴돌았다.

"바가, 바가, 바가……"

한 번에 2천 원씩 줍디다

남편이 실직하여 생활이 어려워지자 부부싸움이 잦아졌다.

어느 날 아내가 단호한 어조로 말했다.

"이제 어쩔 수 없네. 몸을 팔아서라도 생활비를 벌어야지."

"그 나이에? 그리고 그 얼굴에? 누가 자기를 돈 주고 사?"

"아무튼 오늘 못 들어와도 그런가 보다 해요."

다음날 아침. 아내가 10만 2천 원을 내놓았다. 돈을 보고 놀란 남편이 의아하다는 듯이 물었다.

"당신 대단한데! 그런데 10만 원은 그렇다 치고, 2천 원은 뭐요?"

그러자 아내가 한숨을 푹 쉬며 대답했다.

"한 번에 2천 원이니까, 그렇지 뭐긴 뭐야!."

기|도를 들어주셔서 감사합니다

목사와 집사가 각각 앵무새를 기르고 있었다.

그런데 목사네 앵무새는 말할 때마다 '기도합시다, 기도합시다.' 하는 반면에 이상하게도 집사네 앵무새는 '키스합시다, 키스합시다.'라고 하는 것이었다.

이를 이상하게 여긴 집사가 목사를 찾아가 이에 대해 설명했다. 그러자 목사는 두 마리 앵무새를 같이 놓아 두면 어떻겠냐고 말했다. 집사는 목사의 말에 동의하여 두 마리의 앵무새를 한 새장에서 같이 살게 했다.

그런데 여전히 집사의 앵무새는 '키스합시다, 키스합시다.'라고 하는데 목사의 앵무새는 달라졌다.

"제 기도를 들어주셔서 감사합니다."

아빠 조 까?

어느 늦은 오후에 영자 아버지가 마당에서 조를 까고 있었다. 영자가 학교에서 돌아와 아버지에게 물었다.

"아빠 조 까?"

"뭐라고?"

아버지의 말을 듣지 못했던 영자는 다시 물었다.

"아빠 조 까느냐구?"

아버지는 어린애가 못하는 소리가 없다며 화를 벌컥 냈다.

"아니, 이놈이 어디서 배워먹은 버르장머리야?"

그러자 영자는 깜짝 놀라서 다시 물었다.

"지금, 아빠 조 까고 있잖아?"

"아니! 이놈이 그래도!"

아버지는 영자를 사정없이 때렸다. 영자는 마당에 주저앉아 엉엉 울었다. 이때 부엌에서 일하던 어머니가 황급히 뛰어나오면서 말했다.

"아니, 당신은 조 까다 말고 왜 애를 때려요?"

안 떨어지고 붙어있구먼

어느 월요일, 서울 변두리에 있는 한 은행의 지점장이 어느 할머니를 기다리고 있었다.

그 할머니의 정체를 알 수 없었지만, 매주 월요일마다 꼬박꼬박 천만 원을 예금하러 오는 그 할머니가 누구보다 귀한 고객이었기 때문이다.

드디어 창구에 초라한 행색의 할머니가 모습을 나타냈다. 할머니는 어김없이 천만 원을 예금했다.

지점장은 할머니를 자기 방으로 정중히 모셔 차를 대접했다. 그리고는 넌지시 할머니에게 물었다.

"할머니는 대체 무슨 일을 하시길래 그렇게 돈이 많으시죠?"

할머니는 대답 대신 조용히 미소만 지었다.

"유산 상속을 아주 많이 받으셨나요?"

"아니오."

"그럼 장사를 하시나요?"

"아니오."

지점장이 계속 궁금해 하자, 할머니가 말을 이었다.

"난 내기를 해서 돈을 벌지요."

"내기요? 돈 걸고 하는 내기 말입니까?"

"그렇다우."

"무슨 내긴데요?"

"지점장도 나랑 내기 한 번 해볼라우?"

지점장은 할머니의 갑작스런 제의에 호기심은 더욱 커졌다.

"무슨 내용인지 들어보고 하면 안 될까요?"

할머니는 빙긋이 웃더니, 지점장 바지 속 물건이 약속한 시간에 떨어지나 안 떨어지나를 알아맞추는 거였다.

"제 그것이 흔적도 없이 떨어져 버린다구요?"

"글쎄, 그렇다우."

"설마….."

하지만 할머니는 틀림 없는 사실이니 알고 싶으면 천만 원을 걸라고 했다. 그리고는 다음 주 조용한 호텔방에서 만나 확인하자고 했다.

잠시 망설이던 지점장은 끝내 호기심을 못 이기고 내기를 승낙했다. 아무리 생각해도 그건 말이 안 되는 일이라 생각했기 때문이었다.

지점장은 그럴 리가 없다는 쪽에 걸었다.

그 날부터 지점장은 언제 있을지 모를 사고(?)에 철저한 보안 조치를 취했다. 직장인 은행도 휴직계를 내고 집안에 틀어박혀 팬티도 겹겹이 몇 장을 껴입는 등 철저히 대비를 하였다. 잠자리에서 아내가 유혹을 해도 불에라도 덴 듯 돌아누웠다.

내기에 이길 수 있다는 자신은 있었지만, 매주 꼬박꼬박 천만 원씩 예금하는 할머니고 보면 절대로 안심할 수만은 없는 노릇이었다.

드디어 약속 날. 몇 번이나 자신의 물건을 확인한 지점장은 곧장 호텔로 갔다. 할머니는 조금 늦게, 그런데 건장한 한 사내와 함께 나타났다.

별별 생각에 한편으로 불안하기도 했지만, 다행히 남자는 얌
전히 있었다.

　할머니가 먼저 말을 꺼냈다.

　"지점장, 어디 한 번 만져봅시다. 그게 있나 없나."

　"예!"

　지점장은 자신있게 아랫도리를 내밀었다. 한참 지점장의 물건
을 주물럭거리던 할머니가 말했다.

　"음, 붙어 있구먼."

　그리고 함께 온 남자를 보며 이렇게 말했다.

　"봤지? 내가 지점장 물건을 마음대로 주물럭거리잖아. 당신,
나한테 졌으니까, 이천만 원 내놔!"

　할머니를 따라 온 그 남자의 얼굴은 흙빛이 되어 있었다.

짐승만도 못하네요

어느 신문사의 선후배 남녀 기자가 취재차 지방에 갔다가 늦어서 여관방 신세를 지게 되었다. 두 사람은 숙박비를 아끼려고 한 방에서 자기로 했다.

남자는 윗쪽, 여자는 아랫쪽에 잠자리를 깔고 나서 여자가 요의 절반에 벼개를 놓아 경계를 그었다.

"이 선을 넘는 순간 선배는 짐승이 되는거예요!"

남자 기자는 밤새 그 선을 넘지 않았다.

아침이 되어 일어나니 후배 여기자가 심드렁하게 말했다.

"선배는 짐승만도 못하네요!"

업적

어느 시골 마을의 이야기. 이 동네에서는 장례식 때 고인의 살아 생전의 선업이나 훌륭했던 점을 조문객에게 발표하는 것이 관례였다.

그런데 어느 날, 그 마을에서 가장 악명이 높았던—도대체가 살아 있는 동안 잘한 일이라고는 하나도 없는—사람이 죽었다.

드디어 장례식이 다가왔다. 모든 마을 사람들은 그 사람이 살아 생전의 삶을 궁금해 하며 장례식에 모여들었다.

마침내 생전에 그 사람을 잘 아는 사람이 입을 열었다.

"고인은 항상 주위 사람들을 괴롭혔지만, 그가 아플 때는 사람들을 덜 괴롭혔습니다."

어떤 유혹

미아리에 있는 어느 어둡고 칙칙한 작은 골목. 짙은 화장을 한 아가씨가 웃으며 남자에게 다가왔다. 그녀는 남자의 손을 잡고 한 마디 말도 없이 어디론가 끌고 갔다.

그 여자가 데리고 간 곳은 하얀 침대가 있는 좁은 공간이었다. 그녀는 남자의 코트를 벗기고 살며시 침대에 눕혔다.

잠시 후, 남자는 그녀가 원하는 것을 주었다. 남자는 후회하지 않았다. 정신이 약간 몽롱해졌을 뿐 오히려 몸은 가벼웠다.

그녀는 남자에게 피곤하냐고 물었고, 그는 아무 말없이 다시 코트를 입고 밖으로 나가려 했다.

그때 그녀가 남자의 소매자락을 붙잡고 상냥하게 말했다.

"아저씨, 빵이랑 우유 가져 가세요."

여자가 남자를 데려간 곳은 바로 '헌혈의 집'이었다.

털구두를 신으셨군요!

신데렐라가 마법사의 힘으로 화려하게 차려 입었는데, 그만 마법이 잘못 걸려 짧은 미니 스커트에 유리구두를 신게 되었다.

드디어 왕자와 춤을 추게 되었는데, 유리구두에 빨간색 팬티가 비치는 것이었다.

이것을 본 왕자가 말했다.

"빨간색 구두가 너무나 아름답네요."

이 말을 들은 신데렐라는 너무나 창피해 화장실로 가서 다른 팬티로 갈아입고 돌아왔다.

잠시 후 춤을 추던 왕자가 웃으며 말했습니다.

"파란 구두도 너무 예쁘네요."

신데렐라는 다시 화장실로 가서 아예 팬티를 벗어버리고 왕자와 춤을 췄다.

또 한참 춤을 추던 왕자는 이렇게 말했다.

"음… 털구두까지 이렇게 이쁠 수가!"

수세미 가격 차이

4살짜리 아이가 처음으로 어머니와 목욕탕에 갔다.

아이는 엄마의 치부를 뚫어지게 쳐다보며 물었다.

"엄마, 이게 뭐야?"

"으응, 이건 수세미!"

"그럼 엄마, 그 수세미는 얼마야?"

"으응, 삼백 원이야."

일주일 후, 이번엔 아버지와 같이 목욕탕에 간 아이가 어머니에게 물어본 것과 똑같이 물었다.

아버지도 어머니와 같은 대답을 했다.

"그럼 아빠껀 얼마야?"

"오백 원이야."

"어? 아빠껀 엄마꺼보다 더 비싸네? 왜 비싸?"

"엄마 수세미는 찢어졌잖아. 그리고 아빠 수세미는 손잡이도 있고…."

"으응, 그래서 더 비싸구나!"

직접 넣어드리려고요

임신이 안 되는 한 여자가 인공수정을 하려고 병원을 찾았다. 진료를 끝내자 바지를 벗은 의사의 모습을 보고 깜짝 놀랐다.

"아니, 선생님. 이게 뭐하는 짓입니까?"

하고 여자가 소리쳤다.

"미안합니다, 실은 비치되어 있던 병원의 정액이 다 떨어졌거든요. 해서 오늘은 부득이 직접 넣어드리려고요."

아버지 몫으로 한 병 더

　박여사는 술을 먹지 않는다는 조건으로 맞아들인 사위가 딸과 사이좋게 지내는 모습을 보고 매우 흡족했다.

　그러던 어느 날, 박여사가 딸과 함께 시장에 갔는데 뜻밖에도 딸이 사위를 위해 술을 사고 있었다. 깜짝 놀란 박여사가 딸에게 따지듯 물었다.

　"네 남편은 술 한 방울도 못 마시는 사람이 아니냐?"

　그러자 딸은 얼굴을 붉히며 말했습니다.

　"지난번 직장 모임에서 그 이가 동료들의 성화에 못 이겨 소주 한 잔을 강제로 마시게 됐는데, 글쎄, 그날 밤 그 이가 불처럼 달아서 나를 뜨겁게 안아주더라고요."

　이 말에 박여사는 고개를 끄덕이며,

　"그래? 그러면 네 아버지 몫으로 한 병 더 사라."

야그 3

손님, 거기부터는 유료예요

치약까지 나오는 칫솔이라니!

산골 마을의 찢어지게 가난한 집에 살던 어린 여자아이가 초등학교를 졸업하자, 서울로 올라와 칫솔 공장에 들어갔다.

그렇게 열심히 일해 3년이 지나자 사장이 아끼는 최고의 모범 사원이 되었다.

그런데 어느 날, 돌연 아무 연락도 없이 결근을 했다. 그 사실을 안 사장은 공장장에게 급하게 지시를 했다.

"그 아가씨 3년 동안 결근 한 번 없었는데, 갑자기 연락도 없이 안 나오는 것을 보면 신변에 무슨 큰일이 생겼나? 공장장이 직접 그녀의 집에 가서 알아보는 게 좋겠어."

사장의 지시를 받은 공장장은 그녀의 자취방을 찾아갔다. 하지만 무슨 일이 있기는 커녕 그녀는 빨래를 하고 있었다.

"아니 너 어째서 회사를 결근한 거야?"

그러자 그녀는 걱정스런 얼굴로 말했다.

"공장장님, 저 칫솔 공장에 너무 오래 다녔나 봐요. 이젠 제 그곳까지 검은색 칫솔이 나는 거예요. 더는 무서워서 공장에 다닐 수 없어요."

그녀가 울상을 짓자, 공장장이 설명했다.

"이 딱한 아가씨야, 나이가 들면 남자나 여자나 할 것 없이 다 그렇게 되는 거야."

"그 말을 어떻게 믿어요."

공장장은 갖가지 말로 그게 아니란 걸 설득했다. 그러나 그녀는 막무가내였다. 공장장은 더는 방법이 없다고 결론을 내렸다. 그리고는 바지를 내려 자신의 그걸 보여주었다.

그러자 그녀는 신기하다는 표정으로 거기로 손을 가져 가며 말했다.

"어쩜! 공장장님 저보다 더 오래 칫솔 공장에 다녀서 칫솔대까지 생겼네요."

그러면서 한껏 발기한 공장장의 그것을 연신 주물렀다. 공장장은 끝내 참지 못하고 그만 허공에 냅다 사정을 했다. 그 광경을 본 그녀가 소리쳤다.

"어머! 칫솔에서 치약까지 나오네요!"

손님, 거기부터는 유료예요

〈원초적 본능〉이란 영화가 재미있다고 장안에 소문이 자자하여 그 영화를 보기 위해 한 사내가 상영관을 찾았다. 운 좋게도 마침 그의 옆자리에는 꽤나 괜찮은 아가씨가 앉아있었다.

영화를 보던 사내는 슬쩍 그녀의 손을 잡았다. 웬일인지 그녀는 뿌리치지 않았다.

조금 겁이 나긴 했지만 사내는 손에 힘을 주었다. 그런데도 이 아가씨는 가만히 있었다. 좀 더 자신감이 생긴 그는 이번에는 허리를 더듬었다. 그래도 여자는 조용히 있었다.

점점 간이 커진 사내는 손을 그녀의 스커트 속으로 집어넣었다. 그런데도 그녀는 몸을 한 번 움찔할 뿐이었다.

'옳지, 됐구나.'

쾌재를 부르며 힘껏 팬티 속으로 손을 집어넣으려는 순간, 아가씨가 사내의 귀에 나직하게 속삭였다.

"손님, 거기부터는 유료예요."

모유가 분유보다 해로운 이유

아기에게 모유를 먹이는 젊은 부부가 옆집에 사는 사내가 모유가 분유보다 훨씬 해롭다며, 아기에게 절대로 모유를 먹이지 말라고 충고했다.

이에 젊은 부부는 대번에 반박하고 나섰다.

"세계보건기구에서도 분명히 아기에게는 모유가 좋다고 했는데 무슨 소리야?"

그러자 그 친구가 말했다.

"자네 아들놈이 엄마 젖 빨 때마다 담배 냄새 난다고 하더라. 그런데도 모유가 아기에게 해롭지 않다는 거야?"

틀니

만찬회 연사로 초대 받은 어떤 사람이 바삐 서둘다가 그만 틀니를 빼놓은 채 갔다. 주빈석에 앉아 음식을 먹으려고 하던 그는 그제서야 틀니를 빼놓고 온 것을 알았다.

옆에 앉아 있는 손님이 이를 알고 말했다.

"염려할 것 없어요."

하고는 주머니에서 틀니를 하나 꺼내 주었다. 그 사람은 너무 고맙다고 인사를 했다. 그런데 끼워보니 헐거웠다. 이를 안 그 사람은 또 다른 틀니를 내주었다.

그러나 이번에는 너무 작아 꽉 끼었다. 가까스로 틀니를 뺀 후 작다고 했다. 그러자 그 사람은 또 다른 틀니 하나를 꺼내 주었다. 이번엔 꼭 맞았다. 그 사람은 맛있게 음식을 먹고 연설을 다 마친 후 틀니를 뽑아주며 정중하게 감사의 인사를 했다.

"덕분에 잘 먹었습니다. 이렇게 훌륭한 치과의사 선생님을 만나 참으로 다행입니다"

"저는 치과의사가 아니고 장의사입니다."

"그, 그럼 아까 그 틀니들이 다 죽은 사람들 거요?"

바나나 소동

한 사내가 퇴근길에 바나나를 사들고 지하철을 탔다. 그런데 초만원이라 바나나가 뭉그러지지 않게 하려고 양쪽 주머니에 하나씩 넣고 뒷주머니에 또 하나를 조심스럽게 넣었다.

하지만 이리 밀리고 저리 밀리다 보니 양쪽 주머니에 있는 바나나는 그만 으깨져버리고 뒷주머니의 바나나만이 무사했다. 사내는 그것마저 으깨질까봐 손으로 꼭 움켜쥐고 있었다.

얼마 후 뒤에서 바짝 서 있던 군인이 그 사내의 어깨를 툭툭 치며 다급하게 말했다.

"아저씨, 전 이제 내려야 되니까 그만 놓아주세요."

명절 때나 해야지

어느 순진한 청년이 남녀가 첫날밤에 치르는 일을 전혀 모른 채 결혼을 했다. 그런 탓에 1년이 지나도 아이가 생기지 않았다.

어느 날 시어머니가 며느리를 불러서 왜 아기 소식이 없냐며 다그쳤다. 이에 며느리가 사실대로 말했다.

걱정이 된 시어머니가 아들의 친구에게 그것을 가르쳐 주라고 간곡히 부탁했다.

친구가 가르친 덕분에 그 청년은 마침내 아내와 첫 관계를 가졌다. 하지만, 그 뿐이었다. 그 이후 두 번 다시 신부와 관계를 하지 않았다.

어느 날, 밤마다 남편의 눈치만 살피던 아내가 온갖 애교를 떨며 유혹했다. 그러자 그 친구는 아내에게 속삭이듯 말했다.

"자기야, 그 좋은 걸 지금 왜 해? 아꼈다가 명절 때 해야지."

치마 속의 지갑

한 여자가 영화관에서 지갑을 도둑맞고 경찰서에 갔다.

경찰 : 지갑은 어디에 넣어 두고 있었습니까?

여자 : 이 치마 안쪽 주머니예요.

경찰 : 그럼, 그 도둑은 치마 속으로 손을 넣고 훔쳐갔다는 말이군요.

여자 : 네, 그래요.

경찰 : 아니, 앉아 있으면서 치마 속으로 다른 사람의 손이 들어온 것을 몰랐습니까?

여자 : 아뇨. 알고는 있었지만… 글쎄, 지갑이 목적이라고는 생각지 못했거든요.

술고래

술집 주인이 새벽 2시에 가게 문을 잠그고 잠자러 집으로 갔다. 잠자리에 든지 몇 분 지나지 않아 전화벨이 울렸다.

"여보시오. 아침에 가게 문 여는 시간이 몇 시요?"

취한 목소리가 분명했다.

화가 치민 술집 주인은 수화기를 탁 내려놓고 다시 잠자리에 들었다. 잠시 후 전화벨이 또 울리더니 같은 목소리가 똑같은 질문을 했다.

"이것 봐! 나에게 몇 시에 가게 문을 여느냐고 물어도 아무 소용이 없어. 당신처럼 고주망태가 된 사람은 가게에 들여놓지 않을 테니까!"

"아니, 그럼 난 이 술집에서 어떻게 해야 나갈 수 있죠?!"

아무 말도 안 했는 뎁쇼

어느 고을의 사또가 사팔뜨기였다. 그 사또가 세 사람의 죄인을 동헌 뜰에 세워 놓고 차례대로 심문을 했다.

모들뜨기 사또가 맨 왼쪽의 죄인에게 물었다.

"네가 사는 곳이 어디냐?"

그러자 가운데 있는 죄인이 재빨리 대답했다.

"예, 소인은 강 건너에 살고 있습니다.

그러자 사또는 화를 내며 말했다.

"누가 너더러 대답하라더냐?"

그러자 이번에는 맨 오른쪽에 있는 죄인이 허리를 굽히며 대답했다.

"전 아무 말도 안 했는 뎁쇼."

비 오니깐 더럽게 미끄럽네!

마을의 길가 바위에 언제부턴가 호랑이 한 마리가 위엄있게 앉아 있었다.

그런데 이 호랑이가 앉아 있는 바위 아래로 처녀가 지나가면 아래로 뛰어내려 '어흥!'하고 포효를 한 후에 "숫처녀"라고 말했다.

이런 까닭에 과거가 있는 여자들은 이 바위 밑을 지나가는 것을 꺼렸다.

아무튼 부슬비가 내리는 어느 날, 한 쌍의 신혼부부가 이 바위 밑을 지나게 되었다. 사실 그 신부는 신랑이 모르는 과거가 있었기에 바위를 피해 가고 싶었다. 하지만 그렇다고 안 지나갈 수 없었다.

'젊었을 때 한두 번 남자와 안 자본 년이 어딨어. 지나갈 때 우산으로 얼굴만 가리면 호랑이도도 모를거야.'

그렇게 생각하면서 막 그 바위 밑을 지나자, 호랑이가 '어흥!' 하며 바위 밑으로 뛰어내렸다. 신부는 기쁜 나머지 우산을 접으며 신랑에게 말했다.

"들었지? 여보."

그리고는 당당한 표정을 지었다. 그 순간 호랑이가 혼잣말하듯 말했다.

"에이, 비 때문인가? 바위가 더럽게 미끄럽네."

언제 형수의 그걸 보았지?

한글을 깨우치지 못한 한 아이가 있었다. 다행히 한글을 배운 형과 형수가 틈틈이 가르쳐준 덕택에 군대 갈쯤엔 편지 정도는 웬만큼 쓸 수 있게 되었다.

입대한 지 반년 만에 그 친구로부터 편지가 왔다.

형이 반갑게 편지를 뜯었다. 그런데 편지를 읽던 형의 얼굴이 일그러지기 시작했다.

'아니, 이놈이 언제 형수의 그걸 본거야?'

동생이 보낸 편지에는 이렇게 쓰여 있었다.

"식구들 모두 편안하신지요. 어느덧 어머니 ×(본)지도 새까맣고, 형수님 ×(본)지는 더더욱 새까맣고…."

봤지?

한 친구가 세상에 태어나서 처음으로 섹시한 삼각팬티를 선물로 받았다.

그 친구는 여친에게 자랑을 하고 싶어 보여줄 게 있다면서 여친을 자기 방으로 데리고 갔다.

그리고는 방안에서 바지를 재빠르게 내렸다 올리면서 말했다.

"아니, 뭐야? 너무 빠르니깐 안 보이잖아."

이에 그는 다시 한 번 바지를 내렸다가 올렸다.

"봤지?"

"아니. 못봤어. 도대체 뭘 보여주겠다는 거야?"

그는 여자친구에게 이번엔 제대로 보여주겠다며 한 번만 더 봐달라고 했다. 그리고는 바지를 빠르게 내렸다. 그런데 순간의 실수로 그만 팬티까지 내렸다.

"봤지?"

"응."

여친은 대답을 하면서 몹시 당황해 했다.

이런 여친을 보며 그 친구는 씨익 웃으며 말했다.

"나, 이런 거 집에 다섯 개나 더 있거든!"

하고 싶은 대로 해라

옛날에 신이 모든 동물을 만들고 나서 종족 유지에 필요한 수컷의 생식기를 달아주고 동물마다 평생 몇 번 하느냐를 정할 차례가 되었다.

신은 차례대로 동물들의 횟수를 정해 주었다. 이윽고 호랑이와 사람의 차례가 되었다.

"호랑아, 넌 다른 동물을 잡아먹고 살아야 하는데 자손이 많으면 다른 동물이 남아나지 않는다. 따라서 넌 평생 동안 한 번만 하거라!"

호랑이는 화가 났다. 그 좋은 걸 한 번만 하라니. 도저히 받아들일 수가 없었다. 호랑이는 급기야 신에게 덤벼들었다. 신은 이런 호랑이에게 겁을 먹고 도망을 쳤다.

이렇게 되니 신의 명령을 못 받은 사람은 황당할 수밖에 없었다. 도망 가는 신을 뒤쫓아가면서 물었다.

"하나님, 전 몇 번이나 할 수 있나요?"

도망 가기 바쁜 신이 말했다.

"니 하고 싶은 대로 해라."

똥이 다 차야 출발하지요

망우리 시내버스 종점에서 새벽 출근을 하기 위해 한 친구가 버스에 올라타면서 투덜거렸다.

"요즘도 이런 똥차가 있어!"

그러자 버스 운전기사는 은근히 부아가 났다.

꾹 참고 출발을 기다리고 있는데, 그 친구가 큰 소리로 재촉했습니다.

"빨리 출발 안 합니까?"

이에 운전기사가 태연하게 대답했다.

"아직 똥이 다 차지 않아서요."

건망증

건망증이 아주 심한 사람이 다음 날 12시에 친구와 만나기로 약속하고 수첩에 기록해 두었다. 친구는 그의 건망증이 염려되어 다시 한 번 강조했다.

"내일 약속 잊지 말게나, 친구!"

그러자 그는 수첩을 꺼내 보고는,

"미안하네. 내일 12시에 약속 있어서 안 되겠네."

만두와 떡볶이

먼 옛날 만두와 떡볶이가 같은 마을에서 살고 있었다. 그런데 만두가 떡볶이보다 인기가 더 좋았다.

이에 질투가 난 떡볶이가 고심 끝에 만두를 죽이려고 마음을 먹었다. 하여 어느 컴컴한 밤 떡볶이는 만두를 찾아가 이쑤시개로 마구 찔러댔다. 그런데 왠걸, 그 다음날도 만두는 여전히 살아있었다. 놀란 표정을 하고 있는 떡볶이에게 만두가 말했다.

"떡볶이야, 이를 어쩌냐? 김밥이 밤사이에 죽었어."

노인의 밤일

　한 늙은 노인이 갓 스무 살 먹은 처녀와 결혼을 하게 되었다. 결혼 전날 노인은 궁리 끝에 한의사를 찾아갔다.

　"의사 선생, 내가 내일 젊은 처녀와 결혼하는데, 나이가 나이인지라 아내를 만족시킬 자신이 없소이다. 뭐 좋은 방법이 없겠소?"

　"걱정 마십시오. 제가 필요한 약을 드리겠습니다. 필요할 때마다 이 약을 세 알씩 드십시오."

　노인은 기쁨을 감추지 못했다.

　"잠자리 하기 전이오, 아니면 끝난 뒤요?"

　의사는 한약재를 섞으며 말했다.

　"이 약은 잠자리를 대신 하는 약입니다."

개의 어느 부위인가요?

영국의 한 수녀가 미국 여행을 가게 되었다.

그 수녀는 미국 수녀의 안내를 받아 이곳 저곳을 관광하던 중 핫도그 자판대를 지나게 되었다.

미국 수녀가 제의했다.

"수녀님, 이거 하나씩 먹고 갈까요?"

"그게 뭔데요?"

"핫도그라는 건데 아주 맛있어요."

"아니예요. 전 안 먹을래요."

미국 수녀는 혼자서 맛있게 먹었다.

얼마 후에 영국 수녀가 물었다.

"저… 수녀님, 아까 그 핫도그 말인데요, 개(dog)의 어느 부위 예요?"

육십 세 된 딸은 없나요?

딸이 많은 노인에게 한 젊은이가 찾아와 장가를 들고 싶다고 했다. 청년의 말에 노인은 기분이 좋았다.

"내게는 착한 딸이 여럿 있다네. 그래서 그 딸들을 위하여 재산을 모았지. 우선 순자는 스물다섯 살로 매우 영리하고 잘 생겼지. 그 애가 결혼하면 주려고 천만 원을 마련해 놓았다네. 또 영자는 서른 다섯밖에 되지 않았네. 그 애도 참 좋은 딸이지, 그 애를 위해서는 3천만 원을 준비해 두었고, 또 미자는 이제서야 마흔이라네. 그 애에게는 5천만 원을 준비해 두었다네……."

이 말을 듣고 있던 그 청년이 말했다.

"네, 혹시 오십이나 육십 넘는 딸은 없습니까?"

관 쓰면 글 아나

무식한 양반이 관을 쓰고 뜰안을 거닐고 있는데, 하인이 편지 한 장을 들고 오며 말했다.

"영감님, 이게 어디서 온 편지인지요?"

"난 글을 못 읽는다."

"아니 관을 쓰신 분이 글을 모른다니요?"

이에 양반은 관을 벗어 하인에게 주면서 말했다.

"그래? 어디, 네놈이 쓰고 읽어보려무나."

건망증

따뜻한 봄날 파고다 공원 벤치에 두 노인이 앉아서 이야기를 주고받고 있었다.

"이보게, 이번에 보청기를 새로 샀다네. 그런데 가격이 매우 비싼거야."

이 말을 들은 다른 노인이 부러워하면서 물었다.

"그래 얼마를 주었는가?"

노인은 자신의 손목시계를 보면서 대답했다.

"지금 12시라네."

장군멍군

굉장히 인색한 농장 주인이 있었다. 그는 일꾼이 밥을 먹기 위해 일손을 놓는 게 몹시 눈에 거슬렸다.

어느 날 아침 식사 후 그가 일꾼에게 말했다.

"여보게, 밭에서 일하다가 다시 들어와서 점심을 먹으려고 몸을 씻고, 밥을 먹고 하는 것이 귀찮지 않은가? 아예 점심까지 지금 미리 먹고 시간을 아끼는 것이 어떻겠나?"

일꾼이 그러자고 했다. 농장 주인의 아내가 햄, 소시지, 감자튀김 등을 가져왔고, 두 사람은 다시 식사를 했다.

점심을 다 먹고 나더니, 인색한 그 농장 주인이 이번에는 이렇게 말했다.

"여보게, 기왕 식탁에 앉은 김에 우리 저녁까지 미리 먹는 게 어떨까?"

이번에는 스테이크에다 삶은 감자와 야채무침이 나왔다. 일꾼은 그것도 먹어 치웠다.

"자, 이제 세 끼를 다 먹었으니 들에 나가 하루 종일 쉬지 않고 일만 하면 되겠네."

농장 주인의 말이 끝나자 일꾼이 말했다.

"아니요. 저는 저녁 먹은 후에는 어떠한 일도 하지 않습니다."

봉급 인상 반대

어느 교회에서 목사의 봉급을 월 3백만 원에서 백만 원을 올려 월 4백만 원으로 인상한다고 발표했다. 그러자 목사는 다음과 같은 이유로 자신의 봉급 인상안을 사양했다.

첫째 : 교인들의 형편으로 볼 때 현재 월 3백만 원도 힘에 겹습니다.

둘째 : 나의 설교 값어치가 월 4백에 미치지 못합니다.

셋째 : 사실 지금의 월 3백짜리 설교도 하기 힘드는데 4백짜리 설교를 하기엔 제 능력이 턱없이 부족합니다.

넷째 : 제 봉급은 제가 수금하는 것에서 지불되는 것인데, 현재 월 3백을 걷는 데도 엄청 힘이 부치는데, 4백을 걷는 일은 거의 불가능하기 때문입니다.

나그네와 사돈

한 나그네가 날이 저물어 인근 마을에 들어가 하룻밤 자고 가기를 청했다.

마침 그 나그네가 묵는 방에 또 다른 손님이 있었는데, 알고 보니 주인집 사돈이었다. 주인은 노골적으로 나그네는 괄시하고 사돈은 극진히 대접했다.

'한방에 묵는 사람을 이렇게 차별 대우를 하다니.'

나그네는 이런 주인을 괘씸하게 생각하며 어떻게 골탕을 먹이나 궁리를 했다.

때마침 푸짐하게 차린 저녁상이 들어왔다. 나그네는 그 밥상이 주인 사돈의 것인 줄 뻔히 알면서 불쑥 나섰다.

"난 먼 길을 온 나그네요. 시장기를 참을 수 없으니 먼저 먹겠소이다."

나그네는 주인 사돈되는 사람의 대답은 듣지도 않고 밥상을 제 앞으로 끌어다 허겁지겁 먹어치웠다.

나중에 나그네 몫의 밥상이 나왔다. 찬이라는 간장하고 새우젓 뿐이었다. 주인 사돈은 점잖은 체면에 싸울 수도 없어 잠자코 나그네의 밥상을 받았다.

이 사실을 안 주인은 부아가 치밀었다.

'내일 아침에는 순서를 바꿔야겠군.'

이튿날 아침, 주인은 간장과 새우젓 뿐인 나그네 밥상을 먼저 들여보냈다.

이를 눈치 챈 나그네는 주인 사돈에게 의젓하게 말했다.

"어제는 제가 너무 시장하여 염치 불구하고 먼저 먹었지만, 오늘은 선생께서 먼저 드시지요."

주인 사돈은 나그네의 뻔한 수작을 알면서도 체면 때문에 그 밥상을 먼저 받아먹었다. 그 다음 예정대로 잘 차린 밥상이 나왔다. 나그네는 제 차례라는 듯 얼른 일어나 맛있게 먹어치웠다.

주인은 화가 치밀어올랐다.

"이그, 이놈의 집 모두 헐어버리든지 해야지!"

하며 문기둥을 발로 찼다.

주인의 이런 행동을 지켜본 나그네는 잠자코 마당으로 나가 그 집 머슴을 불렀다.

"내게 도끼 좀 갖다 주게나."

이에 주인이 짜증 섞인 목소리로 물었다.

"도끼를 가져오라는 이유가 뭐요?"

나그네는 허리를 굽혀 공손하게 절을 하며 대답했다.

"제가 이 집에서 좋은 대접을 받았으니 어찌 그냥 갈 수 있습니까. 조금 전에 듣자니 이 집을 헐어버리시겠다고 하기에 제가 거들까 합니다."

"뭐요?"

증인

한 사내가 성추행죄로 기소되어 법정에 섰다.

목격자는 열 살밖에 되지 않은 어린 소년이었다. 판사는 그 아이를 불러서 그때 목격했던 사실을 자세히 진술하게 했다.

"이 아저씨가 저 아주머니의 스커트를 머리 끝까지 걷어 올렸어요. 그러더니 팬티를 벗기고 땅바닥에 넘어뜨리고 그 위에 올라탔어요."

"그래서 어떻게 했지?"

"그리고 엉덩이를 흔들기에 나는 저리 가라는 것이라고 생각하고 집으로 갔거든요. 그래서 그 다음은 몰라요."

거북이의 인내

옛날 어느 곳에 거북이 가족이 평화롭게 살고 있었다. 이 거북이 가족은 자신들이 뼈대있는 가문임을 늘 자랑스럽게 여겼다.

이 거북이 가족이 어느 날 나들이를 가기 위해 길을 떠났다.

그들은 사흘을 꼬박 걸어 목적지에 도착했다. 모두들 목이 말라 서둘러 배낭에서 마실 것을 꺼냈다.

아버지 거북이가 사이다 병을 만지작거리며 말했다.

"허허, 서두르는 바람에 병따개를 안 가져왔네."

그러자 아들 거북이가 말했다.

"이빨로 따면 되잖아요."

그러자 엄마 거북이 손을 휘휘 내저었다.

"무슨 얘기냐. 우리 같이 뼈대있는 집안이 이빨로 병을 딴다니! 그런 건 천한 거북이나 하는 거다."

"그럼 어떻게 하죠? 근처에 샘도 없는데."

아버지 거북이가 말했다.

"아냐. 네 엄마 말이 옳아. 네가 집에 가서 병따개를 가져 오너라."

"아버지, 집에 다녀오자면 갈 때 사흘, 올 때 사흘 합해서 엿새나 걸리는데요?"

"그래도 할 수 없다. 그러기에 양반이 어려운 거란다."

아들 거북이는 하는 수 없이 집을 향해 출발을 했다.

아들 거북이가 집으로 간지 엿새가 지났다. 거북이 부부는 아들이 나타나기를 이제나 저제나 기다렸다. 그러나 엿새가 지나고 이레가 지나도록 아들은 나타나지 않았다.

"도중에 무슨 사고가 났나? 왔다면 벌써 나흘 전에 왔어야 하는데, 아직껏 소식이 없으니?"

"그나저나 목 말라 죽겠네."

그러자 아내 거북이가 미소를 지으면서 말했다.

"여보, 이러다 목 말라 죽겠어요. 어쩔 도리 없으니 이빨로 병을 따세요."

"하긴 체면 때문에 목 말라 죽을 수는 없으니까."

아버지 거북이가 병마개를 따기 위해 막 이빨로 깨무는 순간, 어디선가 아들 거북이 불쑥 나타나더니 말했다.

"내 이럴줄 알고 여기 숨어 기다리길 잘 했지."

인색한 아들

어떤 부인이 아들의 방을 청소하던 중 무심코 책상 서랍을 열었다가 깜짝 놀랐다. 노골적인 포르노 사진이 여러 장 들어있었던 것이다.

부인은 출근 준비를 하는 남편에게 그 사진을 내밀고는 짜증을 내며 말했다.

"이걸 봐요! 이것이 맹구의 서랍 속에 들어있었어요! 아직 열다섯밖에 안 된 녀석이 이런 거나 보고 있으니, 오늘 저녁엔 단단히 야단을 치세요!"

그는 그 사진을 한참 동안을 열심히 들여다보더니,

"알았어. 이런 걸 저 혼자만 봤다 이거지!"

수컷이 대체 뭐길래

어느 날 전깃줄에 참새 떼가 나란히 앉아 지저귀고 있었다. 이를 본 사냥꾼이 엽총을 겨누었다.

한쪽 눈을 감고 조준을 한 다음 첫발을 쏘았다.

"탕"하는 소리와 동시에 암컷 한 마리가 맞았다.

땅바닥에 떨어진 암컷 참새는 분에 못이겨 말했다.

"내가 미쳤지! 사냥꾼의 윙크에 넘어가다니…. 수컷이 대체 뭐길래!"

정직한 선생님

수업 중에 교실이 시끄러워지자, 반장이 한마디 했다.

"공부하기 싫은 놈들은 모두 교실 밖으로 나가!"

그러자 선생이 먼저 조용히 교실 문을 열고 밖으로 나갔다.

못난 녀석아

옛날에 한 어리석은 부자가 있었다.

어느 날, 아들이 당당한 얼굴로 아버지에게 문제를 냈다.

"아버지, 한양에 사람들이 많다는 거 아세요?"

"그걸 모르면 정말 천치 바보지, 넌 이제서 그걸 안 모양이구나?"

"그럼 한양에 사는 사람 수가 얼마나 되는지 아세요?"

"물론 알지. 너부터 먼저 말해 보거라. 제대로 알고 있는지 보자."

"모르긴 해도 한 2천 명은 되겠지요?"

아버지는 이런 아들이 한심하기 그지 없었다.

"이 못난 녀석아, 한양 땅에 사는 사람이 겨우 2천 명밖에 안 된단 말이냐? 천오백 명도 넘거든!"

닭이 울지 않는 이유

 한 농부가 장닭을 사간 그 이튿날, 다시 닭장사를 찾아와 따지고 들었다.
 "여보시오. 이거 댁한테서 어제 산 장닭인데, 도대체가 울지를 않으니 도로 물러주시오."
 닭 장사는 고개를 갸우뚱거리며 물었다.
 "모이를 제때 주었습니까?"
 "그거야 물론이지요. 아침, 점심, 저녁 한 번도 거르지 않았지요."
 "그럼 닭장에 암탉이 있습니까?"
 "그럼요."
 "혹시 개가 근처를 얼씬거리지 않습니까?"
 "그런 일은 있을 수 없지요. 제가 철저하게 지키니까요."
 "그렇다면 그 장닭이 무엇이 아쉬워 울겠습니까? 울 이유가 없지요."

사또와 군졸

임진왜란 때 부하들에게 지독히 미움을 사고 있는 고을 수령이 있었다. 그런데 그가 왜구와 싸우다가 그만 강물에 빠져 거의 죽을 위기에 처했다.

이때 한 군졸이 급히 달려가 그를 구해 주었다.

군졸 덕분에 목숨을 건진 그는 그를 불러 물었다.

"자네 덕분에 내가 목숨을 건지게 되었네. 자네 소원이 무엇인가? 내가 뭐든 들어줄테니 말해 보게나."

군졸은 매우 난처한 얼굴을 하더니, 이윽고 조심스럽게 말했다.

"수령님, 저는 아무 것도 바라지 않습니다. 그저 소원이 있다면, 제가 수령님을 구했다는 이야기를 누구에게도 하지 말아주십시오. 그게 유일한 바람입니다."

사또는 모를 일이라는 듯 눈을 껌벅거리며 물었다.

"어인 까닭인고?"

"제가 사또님의 목숨을 구해 줬다는 사실을 다른 군졸들이 알게 되면, 그들이 저를 죽일 것입니다."

"뭐라고?"

야그 4

플러그를 끼우세요

그럼, 슈퍼는 누가 봐?

대형 슈퍼마켓을 하고 있는 어느 구두쇠가 몹쓸 병에 걸려 죽음 직전에 이르렀다. 온 가족이 임종의 자리에 모였다.

그 구두쇠가 말했다.

"여보, 마누라. 어디 있소?"

"영감, 저 여기 있어요. 흑흑흑."

"그럼, 첫째하고 둘째는 어디 있소?"

"예, 아버지. 저희들도 여기 있습니다."

"셋째하고 막내는?"

"아버지 저희들도 여기에 있습니다. 말씀하세요."

구두쇠는 두 눈을 번쩍 뜨면서 외쳤다.

"이런, 망할 놈들! 그럼, 슈퍼는 누가 봐!"

앞을 볼 수가 없어요

중년의 대머리 남자가 있었다. 그가 어느 날 사위를 찾아온 장모를 마중하러 나갔다. 그런데 공교롭게도 엄청난 소낙비가 쏟아져 골짜기에 넘쳐 흘렀다.

장모가 당황한 목소리로 외쳤다.

"이보게 사위, 내 허리까지 물이 차 올랐어. 어쩌면 좋아!"

이에 사위는 장모를 업고 골짜기를 건너려 했다. 그러나 물은 점점 불어나 사위의 배꼽 위까지 닿았다. 사위는 장모를 어깨 위로 올렸다. 더욱 불어난 물은 이제 사위의 어깨까지 닿았다. 장모는 외마디 비명을 질렀다.

"이를 어째! 속옷까지 다 젖었어."

사위는 장모를 자기 머리 위에 올려놓았다. 그런데 바로 그때 장모의 속옷이 찢어지면서 그만 장모의 그곳에 사위의 대머리가 쑤욱 들어가버리고 말았다.

장모는 갑자기 황홀해졌다.

"이 사람아, 아아! 너무 황홀해! 자네 도대체…."

"장모님, 뭐가 황홀하단 거예요! 난 아무 것도 안 보이는데요."

날지 못하는 새

아버지가 어린 아들과 함께 목욕탕에 갔다.

아들은 아버지의 그것을 보고

"아빠, 이게 뭐야?"

하고 물었다.

"응, 이건 새란다."

목욕을 끝내고 집에 돌아온 아버지는 낮잠을 잤다. 아들은 아버지의 바지를 벗기고 잠든 '새'를 흔들어 깨웠다.

"날아봐, 날아봐."

하지만 그 새는 날지 않았다. 아들은 화가 났다.

그 새의 모가지를 비틀고, 둥지를 라이터로 태운 다음 알까지 깨버렸다.

"으아아~악!"

아버지의 비명 소리가 온 동네에 울려퍼졌다.

변호사와 정육점 주인

정육점 주인이 변호사 사무실을 찾아 법률자문을 받았다.

"만약 개가 내 정육점에서 고기를 물고 갔다면, 그 개의 주인이 변상해 줄 의무가 있나요?"

변호사 : 그럼요. 변상해 주어야 합니다.

정육점 주인 : 알겠습니다. 댁의 개가 조금 전에 저의 정육점에서 고기를 한 덩어리 물고 갔습니다. 값으로 따지면 5천 원 어치가 될 겁니다.

변호사 : 그렇습니까? 그럼 2만 5천 원만 내고 가시면 됩니다.

정육점 주인 : 네?

변호사 : 상담 비용 3만 원에서 고기값을 제한 금액입니다.

받아봐야 알지

회복기에 접어든 정신병자가 병실에서 편지를 쓰고 있었다. 이를 본 의사가 편지의 내용이 몹시 궁금해서 환자에게 물었다.

"지금 누구한테 편지를 쓰는 겁니까?"

"나한테 쓰는 거요."

"무슨 내용이지요?"

그러자 환자가 발끈 화를 내며 말했다.

"바보 같은 질문이네요. 아직 받아보지도 않았는데, 그 내용을 어떻게 알아요!"

진찰료

동네 하나밖에 없는 구둣방에 한 의사가 수선할 장화 한 켤레를 가지고 왔다. 구둣방 주인은 도저히 고칠 수가 없다면서 5천 원을 내라고 했다.

"고치지도 않고 돈을 달라니요?"

"당신도 그랬잖아요. 전번에 내가 병원에 갔을 때 도저히 고칠 수가 없다면서 진찰비는 다 받았잖아요."

적십자 회비

산 속 외딴 오두막집에서 사는 사람들이 엄청난 폭설로 인해 생사의 갈림길에 놓였다.

헬기를 몰고 온 적십자 소속의 구조대원들이 몇 길이나 되는 눈 속을 뚫고 오두막에 당도해 문을 두들겼다. 오두막에서 한 사람이 나오자 구조대는 자신들의 신분을 밝혔다.

"적십자에서 나왔습니다."

그러자 오두막에서 나온 사람이 고개를 갸웃하며 말했다.

"적십자 회비 지난번에 분명히 냈는데요."

절약 비법

　신혼의 단꿈에 젖어 있는 푼수 남편이 어느 날부터 노후를 걱정하기 시작했다. 고민과 고민을 거듭한 끝에 마침내 해결 방법을 생각해 냈다.

　그것은 퇴근 후 집까지 걸어서 오는 일이었다. 그렇게 아낀 버스 요금을 저축하면 노후 걱정을 안 해도 된다는 생각이 들어서였다.

　다음날부터 그는 버스를 따라 달리기를 하여 집에 도착하고는 아내에게 자랑스럽게 말했다.

　"자기야, 나 오늘 버스 뒤를 따라 달려와 버스비를 안 썼어."

　그의 아내는 한심한 표정을 지으며 말했다.

　"자기는 왜 그렇게 머리가 둔한 거야. 택시 뒤를 따라 달렸으면 몇 배를 더 절약했을 거 아냐."

개밥

식당 주인의 꼬마 아들이 아버지에게 집에서 기르는 개의 밥을 만들어 달라고 했다. 이에 아버지가 말했다.

"식당에서 일부러 개밥을 만들 필요가 있겠니? 저기 앉아 식사를 하고 있는 손님이 먹다가 남기면 그게 곧 개밥이야."

아버지의 말을 들은 아들은 그 손님의 옆에 앉아 식사가 끝나기만을 기다렸다.

손님이 식사를 끝내고 나갔다. 아들은 기다렸다는 듯 손님이 먹었던 그릇을 보았다. 하지만 그릇에는 밥알 한 개도 남아 있지 않았다. 아들은 울상이 되어 아버지에게 말했다.

"아버지, 저 손님이 누렁이밥까지 다 먹어버렸어요."

끊은 것

"술 많이 먹으면 간이 나빠진다며?"

"이 사람아. 그걸 이제야 알았다는거야?"

"신문에서 매일 떠들어대더라고. 그래서 끊어버렸어."

"아니, 그 좋아하는 술을 드디어 끊었다고?"

"아니, 술이 아니고 신문을 끊었어."

부잣집 개

개를 산 한 남자가 그 개를 판 사람을 찾아와 화를 냈다.

"당신 정말 뻔뻔하네. 이런 똥개도 개라고 팔아먹는단 말이요? 어제 도둑이 책상 서랍에 넣어둔 3만 원을 훔쳐갔는데도 이 놈의 똥개가 한 번도 짖지 않았소!"

그러자 원래 개 주인이 말했다.

"이것 보세요, 이 개는 부잣집에서 살던 놈이에요. 그 정도의 푼돈에는 눈 하나 까딱 안 한다고요."

피장파장

어떤 부인이 담배를 피워 문 젊은이에게 다가가 꾸짖었다.

"이봐 청년, 담배 피는 것을 어머니도 알고 있어?"

그러자 젊은이가 대꾸를 했다.

"아줌마, 아줌마의 남편되시는 분은 아주머니가 이렇게 거리에서 낯선 청년에게 스스럼 없이 말을 건다는 사실을 알고 계시나요?"

낮과 밤

주부 A : 섹스는 낮과 밤 어느 쪽을 좋아하시나요?
주부 B : 그야 뭐, 단연 낮이 더 좋지요.
주부 A : 어머나 어째서지요?
주부 B : 밤에는 늘 남편이니까요.

경고판

한 농민이 대관령 주차장 옆의 초원에 소를 방목하고 있었다.

그러던 어느 날 여행자로 보이는 몇 사람이 차에 태워 데려온 개를 뛰어 놀라고 풀어 놓았다.

그 개는 풀을 뜯는 소들이 보이자 냅다 그쪽으로 달려갔다. 그런데 달려가다가 전기철조망에 닿자 비명을 지르며 숲속으로 사라져 버렸다.

개 주인은 한 시간 동안이나 기를 쓰고 추적한 끝에 가까스로 놀란 개를 붙잡아 자동차에 다시 태웠다. 그리고는 철조망에 왜 경고판을 붙이지 않았냐며 소를 기르는 농부에게 따졌다.

그러자 농부가 말했다.

"미안합니다. 글을 아는 개가 있을 줄은 몰랐거든요."

시어머니와 시아버지

　중년의 부부가 시내를 걸어가다가 광고판을 든 남자와 마주쳤
다. 그 광고판에는 '당신은 예수의 추종자인가, 아니면 악마의 추
종자인가?'라는 문구가 적혀 있었다.
　남편보다 약간 앞서 걷던 부인이 장난기어린 말로 남편을 뒤돌
아보며 말했다.
　"악마의 추종자라, 바로 당신을 두고 하는 말이네."
　부인의 말에 남편이 말했다.
　"맞네. 지금 내가 당신 뒤를 따라가고 있으니."

어쩔 수 없어

아버지가 아들의 못된 짓거리를 고치고자 때려도 보고 달래도 보았으나 끝내 아들의 나쁜 버릇을 고칠 수가 없었다.

"이놈아, 어쩌자고 그렇게 사느냐."

아버지는 이 말을 하면서 자신도 모르게 눈물을 뚝뚝 흘렸다. 그러자 그 못된 아들은 아버지의 머리를 쓰다듬으면서 나즉히 말했다.

"이깟걸 갖고 울어서야 이 힘든 세상을 어찌 살아가요."

비싸다

어떤 남자가 의사를 찾아 상담했다.

"어떻게 해야 할지 모르겠어요. 제 아내는 자기가 피아노라고 생각하고 있어요."

"그러시면 부인을 모시고 오세요. 진찰을 좀 해보지요."

"네, 하지만 피아노를 병원까지 싣고 오는 게 너무 힘들어서요."

바보

한 농사꾼 아들이 도시에 살던 신부를 맞았다. 신부는 미인에 똑똑하기까지 했다. 신혼여행을 마치고 집으로 돌아왔다.

하지만, 처음부터 며느리를 탐탁치 않게 여기던 시어머니가 아들을 불러 슬그머니 주의를 주었다.

"내가 보건데 새 아기는 상당히 똑똑한 것 같더라. 그러니 너도 우습게 보이지 않도록 해라."

어머니의 충고를 들은 아들은 싱긋 웃었다.

"걱정 마세요, 그 사람 보기와 달리 아무 것도 몰라요."

그리고는 덧붙여 말했다.

"첫날밤에 일을 치루려 하자 갑자기 베개를 허리 밑에 깔지 뭐에요. 그래서 내가 '베개는 머리에 베는 것'이라고 가르쳐 주었어요."

추녀의 대답

혼자 사는 못 생긴 노처녀 집에 도둑이 들었다. 낯선 인기척에 잠을 깬 그녀가 불을 켜자, 도둑이 칼을 들이대며 협박을 했다.

"조용히 해."

그녀는 잔뜩 겁먹은 소리로 물었다.

"설마, 내 몸에 손 대지는 않겠죠?"

도둑은 그 소리를 듣고 웃음을 터뜨렸다.

"내가 미쳤어? 술이라도 취했으면 몰라도 너같은 호박을 덮치지는 않아."

그러자 그녀가 재빨리 말했다.

"마시다 남은 좋은 양주가 있는데 마실래요?"

아내의 판단

너무 깔끔한 젊은 남자가 있었는데, 그는 늘 아내의 털털함에 불만이 컸다. 특히 아내가 찢어진 치마를 적당히 핀으로 꽂고 다니는 것만은 도저히 참을 수 없었다.

참다못한 그는 아내가 없는 틈에 찢어진 치마를 기워놓았다. 그리고는 귀가한 아내에게 기워놓은 치마를 보여주었다.

아내는 이에 감동하여 그에게 키스 세례를 퍼붓고는 잠시 후 헌옷 보따리를 들고 왔다.

"여보, 당신 일거리가 많이 있으니 두고두고 천천히 해요."

얼음 찜질

시어머니가 도시에서 갓 시집 온 새 며느리에게 장보기를 가르쳐 주기 위해 며느리를 데리고 시장에 갔다.

생선가게에서 생선을 둘러보고 있는데 며느리가 말했다.

"어머니, 저 생선은 사지 말아야겠어요."

"왜?"

"얼음찜질을 하는 걸로 보아 골병이 든 게 틀림없어요."

기를 수가 없어서

빚쟁이가 돈 꾸어간 사람의 집에 돈을 받으러 갔다. 마침 식사 중이었는데, 식탁에는 먹음직스러운 닭백숙이 올라 있었다.

빚쟁이가 말했다.

"이렇게 잘 먹고 사시는데 돈 좀 갚으시지요."

빚쟁이의 말에 돈 꾸어간 사람이 말했다.

"어떡하든 빌린 돈을 갚으려 하지만, 워낙 형편이 안 좋아 죽을 지경입니다."

이 말에 빚쟁이는 못마땅한 표정을 지으며 말했다.

"아니, 밥상에 닭고기가 오를 정도로 살면서 생활이 어렵다고요? 이거야 원 기가 막혀서."

"모르는 말씀하지 마십시오. 닭 먹일 사료마저 다 떨어져 먹어치우는 중이란 말이오."

아이큐 40의 대화

IQ가 모자라는 개구리 세 마리가 있었다. 이 개구리들의 IQ는 각각 20, 30, 40이었다. 어느 날 학교에서 시험을 본 세 마리의 개구리가 시험에 대해 얘기를 나눴다.

IQ 20 : 나 이번 시험에 백지 냈어.

IQ 30 : 나도 그랬는데, 혹시 선생님이 네 것을 컨닝했다고 하면 뭐라 그러지?

IQ 40 : 휴, 다행이다. 나도 사실 백지를 냈는데 이름을 안 썼거든.

미아 예방법

정부에서 미아 발생을 막기 위한 아이디어를 공모했다. 그러자 제일 먼저 들어온 아이디어,

"아이들은 반드시 집에 두고 다닙시다!"

천생연분

'천생연분'이란 말의 뜻이 '하늘이 맺어준 인연'이라는 것을 알게 된 딸이 그 말을 쓸 기회를 엿보고 있었다.

그러던 어느 날 식구가 다 함께 외식을 하게 되었다.

식당의 의자에 앉는 순간, 엄마가 다급하게 일어났다.

"어머나, 이 일을 어째? 깜박 잊고 다리미 코드를 꽂아둔 채 나왔네."

엄마가 안절부절 못하자 아버지가 느긋한 목소리로 말했다.

"여보, 조금도 걱정할 거 없어. 마침 나도 목욕탕 수도꼭지를 틀어놓은 채 나왔거든, 불이 난다 해도 바로 꺼지게 돼있다구."

아버지의 말이 끝나자 딸은 그럴 수 없이 행복한 표정을 지으며 말했다.

"우리 엄마 아빠는 천생연분이라니까!"

약사의 물건

서울에 온 두 미국인 남자가 경찰관을 상대로 불평을 털어놓았다. 그들은 막 약국에서 나온 길이었다.

"콘돔을 사고 싶었는데, 약국 주인이 영어를 전혀 할 줄 몰라요."

이에 경찰관이 물었다.

"그래서 어떻게 되었습니까?"

"그래서 몸짓으로 보일 수밖에 없었죠. 나는 지퍼를 내려 약사에게 내 것을 보인 다음 돈을 계산대 위에 올려 놓았어요. 그래도 무슨 뜻인지 모르는 것 같아 할 수 없이 이 친구도 같은 행동을 해 보였지요."

그렇게 말하며 친구를 가리켰다. 그러자 다른 미국인이 거들었다.

"저까지 그렇게 하자 그제서야 약사가 알았다는 듯 야릇하게 웃더니, 느닷없이 자기 지퍼를 내리는 거예요. 정말이지 그 약사 물건 한 번 엄청 크더라구요. 아무튼 그리고는 손으로 우리 둘에게 손가락으로 V자 사인을 해 보이면서 우리가 올려놓은 돈을 그대로 가져가지 뭡니까?"

요새 젊은 사람들

한 노부인이 요즘 젊은이들에 대한 불만을 털어놓았다.

"요새 젊은 애들은 도대체 교양이 없어! 저 여자 애가 입고 있는 옷 좀 봐! 남자 애들이 입는 청바지와 셔츠를 입었잖아. 그리고 머리는 또 저렇게 짧게 자르고…… 쯧쯧, 저래 가지고서야 어떻게 저 애가 여자라는 걸 알아본담!"

그러자 옆에서 누군가 대답을 했다.

"걱정 붙들어 매세요. 저 아이가 내 딸이라는 걸 나는 충분히 알아보니까요."

"아이구 미안해요. 댁이 저 애 아버지되시는군요."

"아니요. 난 저 애 엄마예요."

어떤 임신

세 명의 간호사가 새로 들어온 한 인턴을 골려준 걸 서로 자랑하듯 수다를 떨었다.

첫 번째 간호사가 말했다.

"난 그 사람 청진기에다 솜을 틀어넣고 또 그의 몇몇 환자의 차트 이름을 바꾸어 놓았어."

두 번째 간호사가 기다렸다는 듯 킬킬거리며 말했다.

"그 사람 책상 서랍에 콘돔이 한 갑이나 있더라구. 그래서 하나하나 모두 구멍을 뚫어 놓았지. 큭큭."

그 말이 끝나기 무섭게 세 번째 간호사는 얼굴빛이 흑색으로 변하면서 울 듯한 표정으로 말했다.

"그, 그럼… 나 어떡해?

살아도 못살아

실종되었던 어부가 혼수 상태로 구조되자, 그의 아내가 흐느끼며 말했다.

"여보, 당신 죽으면 난 못살아!"

그렇게 한동안 흐느끼고 정신을 차려 남편의 몸 상태를 살펴보니 남편의 아랫도리에 선혈이 낭자했다. 같이 구조된 다른 어부에게 그 까닭을 물어보니 구조되기 전에 남편의 그것이 상어에게 먹혔다고 했다.

어부의 아내는 다시금 엉엉 소리내어 울었다.

"아이고, 살아도 난 못살아, 살아도 못살아."

동물원

어떤 여인이 서너살 된 꼬마를 안고 은행에 들어왔다. 여인이 은행 창구에 다가서자, 그 꼬마는 쥐고 있던 빵조각을 남자 행원한테 불쑥 내밀었다. 은행원은 꼬마의 갑작스런 행동에 당황해 했다.

"얘가? 그러면 못써!"

꼬마의 엄마는 아이를 나무란 다음 은행원에게 말했다.

"미안합니다. 애가 방금 동물원에 다녀왔거든요."

절대로 그렇게는 못하겠습니다

한 회사원이 결혼기념 선물로 아내의 속옷을 사기 위해 속옷가게에 들렀다.

점원 아가씨에게 브래지어를 쳐들고서 물었다.

"이건 얼마입니까?"

"6천 5백 원입니다."

이번엔 팬티를 들어보이면서 물었다.

"그럼, 이건요?"

"3천 5백 원입니다."

그러자 회사원이 말했다.

"합계 1만 원이네, 각각 끝에 5백 원이 붙어 계산하기 복잡하니까, 그 5백 원을 브래지어는 올리고 팬티는 내리면 안 될까요?"

점원 아가씨는 그 말에 얼굴이 붉히며 쏘아붙였다.

"절대로 그렇게는 못하겠습니다."

경찰에 신고할 수밖에

70대 영감이 혼자 사는 아파트에 10대 여자 아이가 유흥비를 마련하기 위해 영감이 집을 비운 틈을 노려 침입했다.

돈이 될 만한 물건을 찾는데, 너무 열중하다가 갑자기 들이닥친 영감에게 그만 붙들리고 말았다.

"네 이년, 당장 경찰에 신고해 콩밥을 먹여주마!"

"할아버지, 저를 드릴테니 한 번만 용서해 주세요."

이 말에 영감은 여자 아이를 용서하기로 하고 젖먹던 힘까지 다해 가져보려 했다. 그러나 그 나이에는 도저히 무리였다.

한참 동안 씨름을 하던 영감은 결국 한숨을 내쉬며 말했다.

"얘야, 그냥 원래대로 경찰에 신고해야겠다."

플러그가 빠졌잖아요

평소 일만 아는 순진한 전기기사가 결혼을 하게 되었다.

그는 섹스에 대한 어떠한 지식도 없었다.

아무튼 그렇게 첫날밤을 맞았다.

신부는 그의 앞에서 옷을 벗었다. 여자의 알몸을 처음 본 그는 흥분한 나머지 신부에게 무작정 달려들었다.

신부의 몸 이곳저곳을 더듬고 만져 본 후 숨가쁘게 말했다.

"뭐야, 이게. 아무리 만져도 불도 안 들어오고."

이때 신부가 전등 불을 끄며 나지막하게 속삭였다,

"플러그를 꽂으셔야죠."

거지의 변명

지하철역에서 구걸하는 젊은 놈에게 지나던 노인이 말했다.

"여보게, 젊은이. 자네는 멀쩡한 두 손을 갖고 있으면서 왜 일을 하지 않고 구걸을 하나?"

이 말을 들은 젊은이는 발끈 성을 내며 말했다.

"아니, 그럼 사람들이 던져주는 동전 몇 개 때문에 내 팔을 잘라버리란 겁니까?"

풀장에서 무슨 고기를 잡아!

정신병원에서 치료를 받고 있는 환자가 변기통에 낚싯대를 넣고 무언가를 하고 있었다. 이를 본 의사가 말했다.

"고기 좀 잡았습니까?"

그러자 환자는 퉁명스레 대꾸했다.

"선생님, 미쳤어요? 변기통에 무슨 물고기가 살아요? 나, 원 참."

이 말을 들은 의사는 이 환자의 병이 나은 것 같아 흐뭇한 미소를 지으면서 돌아갔다. 환자는 뒤돌아가는 의사를 보면서 혼자 중얼거렸다.

"누굴 호구로 아나. 내가 어떻게 찾은 기가 막힌 포인트인데…."

미니스커트의 값

갓 고등학교를 졸업한 초년생 아가씨가 미니스커트만 입고 다녔다. 그러던 어느 날 남친을 만나고 돌아온 그녀가 엄마에게 말했다.

"엄마, 나 오늘 만 원 벌었어."

"아니, 데이트한다고 나가더니 그게 무슨 말이냐?"

"남친이 놀이터에서 높은 철봉에 매달리면 천 원 준다고 하길래, 매달려서 만 원 벌었지, 뭐."

"애! 그 놈이 네 팬티를 보려고 그러는 거잖아. 다시는 당하지 마라. 알겠니?"

그녀는 엄마의 말에 고개를 끄덕이며 알았다고 했다.

다음날 그녀는 또 남친을 만나고 들어와 엄마에게 3만 원을 벌었다고 말했다.

"이런 바보, 그렇게 말했는데 오늘은 세 번씩이나 당했어?"

"아니야, 엄마. 내가 바본가. 오늘은 팬티를 안 보여 줄려고 아예 팬티를 안 입고 나갔거든. 그런데도 바보처럼 두 번이나 더 철봉에 매달려 보라고 하더라고."

작아서 샘플로 돌리더라구요

신혼부부가 잠자리에서 꿈 얘기를 나누었다.

"자기 나 요즘 꿈에 매일 그거만 보여요. 아마 신혼이라서 그런가 봐요. 어제도 꿈을 꾸었는데, 남자의 그것을 파는 경매장에서 큰 것은 만 원, 굵은 것은 2만 원에 팔리더라구요. 당신 것도 보았어요."

"그래? 그럼 내 것은 얼마에 팔렸어?"

"당신 것은 안 팔렸어요."

"너무 값이 높았나?"

"아뇨, 작아서 샘플로 돌리더라구요."

그 남자의 첫 여자

대낮에 남녀가 여관에 들어갔다. 방에 들어가자 마자 두 사람은 가쁜 숨을 몰아쉬며 옷을 벗었다. 그리고는 남자가 여자에게 다시 한 번 물었다.

"너를 안고 싶다는 말을 한 사람이 내가 처음이란 거, 정말이지?"

그러자 여자는 약간 짜증난다는 듯 이렇게 말했다.

"그렇다니까. 자기보다 먼저 만난 남자들은 모두 말없이 나를 안았다니까."

난 알아요

두 명의 수녀가 밤길을 가고 있는데 어둠 속에서 괴한 둘에게 강간을 당했다.

그러자 한 수녀가 이렇게 기도했다.

"오오! 하나님, 이 사람들을 용서해 주십시오. 이 사람들은 지금 자신들이 무슨 짓을 하고 있는지 모른답니다."

그러자 그 옆에서 당하고 있던 수녀가 숨을 헐떡이며 말했다.

"안 그래요! 나를 덮치는 이 남자는 너무 잘 알아요!"

남의 닭까지 잡아왔네

한 농부가 닭 여러 마리를 상자에 넣어 어린 조카에게 보냈다. 닭을 받은 소년이 상자에서 막 닭을 꺼내려는 순간 상자 문이 갑자기 열리면서 닭들이 다 튀어나가고 말았다.

다음날 소년은 삼촌에게 편지를 썼다.

"옆집 마당까지 쫓아갔지만 열 한 마리밖에 못 잡았습니다."

이에 삼촌이 답장을 보내왔다.

"잘 됐다. 오히려 다섯 마리가 더 늘었구나."

산부인과 지망생

의대 지망생 : 선생님, 돈을 많이 벌려면 무슨 과가 좋은지요?

의대 교수 : 당근 산부인과지. 환자들이 남자 의사를 선호하는데다, 한 번 보인 의사를 꾸준히 찾거든!

피로연에서

약혼한 커플이 어떤 디너파티에 참석해 한참 식사를 하던 중에 남자가 약혼녀에게 귀엣말로 자기 바지가 터졌다고 했다.

약혼녀는 평소 핸드백 속에 실과 바늘을 넣고 다녔기에 걱정하지 말라고 남자를 안심시켰다. 그리고는 연회장 종업원에게 그 사정을 얘기했다.

종업원은 두 사람을 빈 여자화장실로 안내했다. 그곳의 화장실 문은 한쪽 벽을 따라 늘어서 있었다.

여자가 바지를 꿰매는 동안 남자는 와이셔츠 끝자락을 아래로 잡아당겨 아랫도리를 가리고 옆에 서서 기다렸다.

그런데 갑자기 여자들이 떠드는 소리가 가까이 들려왔다. 여자는 재빨리 가까이 있는 화장실 문을 열고 그를 안으로 밀어넣은 다음 등으로 그 문을 가로막고 바지를 꿰맸다.

이런 상황에서 남자는 약혼녀가 막고 있는 문짝을 자꾸 밀고 있었다. 여자는 문을 열리지 않도록 버티면서 작은 소리로 가만히 있으라고 했다. 그런데도 남자는 여전히 문짝을 밀고 나오려고 했다.

"아직도 사람들이 있단 말이에요!"

안에서 남자의 다급한 목소리가 들렸다.

"안돼! 지금 당신이 나를 결혼 피로연장 한복판으로 밀어넣고 있단 말야!"

좀 더 세게, 바로 거기야

연로한 아버지를 생각해 할머니 한 분을 새어머니로 맞아들인 효성 지극한 아들이 있었다.

첫날밤 아들이 아버지의 방안 동정을 살피고자 문밖에 서서 귀를 기울였다. 아버지의 말이 들렸다.

"좀 더 세게, 바로 거기야."

이어서 새어머니의 목소리가 들렸다.

"이제 내 차례예요, 영감. 좀 더 손을 아래쪽으로 가져가요. 거기, 바로 거기요."

너무 뜨거운 분위기인지라 아들은 은근히 아버지의 건강이 걱정되어 문틈으로 살짝 들여다보았다.

늙은 아버지와 새어머니는 서로의 등을 긁어주고 있었다.

추월

　김포공항으로 가는 도로에는 차량들이 붐비고 있었다. 공항 승객을 태운 버스 기사는 앞에서 천천히 달리고 있는 승용차를 추월하려고 왼쪽 깜박이를 커면서 차선을 바꾸려 시도했다.

　그렇게 막 앞지르려는데 앞 차를 운전하는 여자가 차창 밖으로 왼손을 내밀었다. 왼쪽 차선으로 들어가겠다는 신호였다.

　공항버스 기사는 차선 변경을 포기하고 앞 차가 차선을 바꿀 때를 기다렸다. 그런데 앞 차는 차선을 바꾸지 않고 창 밖으로 내밀었던 손을 거두었다.

　이에 공항버스 기사는 다시 추월을 시도했다. 하지만 또 앞 차의 여자가 또 다시 차창 밖으로 손을 내밀고 1분쯤 주행하더니 아까와 마찬가지로 손을 거두어들였다. 그러기를 무려 대여섯 번을 반복했다.

　"아니, 저 여자 대체 뭐하자는 거야?"

　공항버스 기사는 더는 못참겠다며 속도를 내어 차선을 바꾸어 추월했다. 그런데 추월을 하면서 그 차를 내려다보니 여자는 오른손 손바닥으로 핸들을 조작하는 한편, 왼손 손톱에 매니큐어를 칠하면서 세월아 네월아 운전하고 있었다.

　차창 밖으로 손가락을 내밀은 것은 순전히 매니큐어가 끝난 손톱을 말리기 위해서였던 것이다.

후회

지독한 구두쇠가 큰 맘 먹고 로또 두 장을 샀다. 그런데 두 장 중 하나가 1등에 당첨되어 인생 대박을 이뤘다.

그럼에도 그는 전혀 기뻐하지 않았다. 이를 이상하게 생각한 친구가 말했다.

"아니, 대박이 터졌는데 왜 그래?"

그 사내는 당첨되지 않은 복권을 들어보이며 침통한 표정으로 말했다.

"공연히 두 장을 사서 아까운 돈을 날렸잖아."

직업은 못 속여

일밖에 모르는 형사가 있었다. 보다못한 그의 동료들이 휴가도 반납하고 일만하는 그를 억지로 데리고 사냥을 갔다.

사냥터에서 그 형사가 꿩을 발견했다. 살금살금 꿩 뒤로 걸어가 큰 소리로 외쳤다.

"경찰이다. 꼼짝마!"

형사의 목소리에 놀란 꿩, 푸드득하고 날아갔다.

가게와 밑천

첫날밤 신부가 분위기를 잡기 위해 신랑에게 속삭였다.
"자기야, 이게 뭐야?"
"뭐긴, 내 소중한 밑천이지."
신랑이 되물었다.
"그러면 자기 것은 뭐야?"
그러자 신부가 콧소리로 대답했다.
"으응, 자기의 밑천이 들어갈 가게…."

분만의 순서

이른 새벽부터 아내가 입원한 산부인과 분만실 앞에서 남편이 초조하게 기다리고 있었다. 그러나 한낮이 지나도록 아무 소식이 없었다.

간호사는 분만실에서 나올 때마다 다른 사람에게 아들이다, 딸이다 하면서 축하를 해주고 있었다.

남자는 더 이상 참지 못하고 간호사에게 항의했다.

"이거 너무하는 거 아니예요. 내가 저 사람보다 먼저 왔는데 왜 저 사람 아이가 먼저 나와요."

조건반사와 무조건반사

　　선생님이 학생들에게 조건반사와 무조건반사의 예를 들어보라고 하자, 한 학생이 벌떡 일어나서 자신있게 말했다.
　　"네, 조건반사는 개에게 밥을 주면서 종을 치면, 나중에는 종만 쳐도 개가 침을 흘리는 것이고, 무조건반사는 지나가는 여학생만 봐도 바지가 불룩해지는 것을 말합니다."

구제불능의 남편

아들이 유괴 당했다며 신고한 부인에게 형사가 물었다.

"아드님이 유괴 당한 것 같단 말이지요?"

"예."

"협박장을 최초에 발견한 사람은 누구였습니까?"

"남편이에요."

"남편께서는 왜 오시지 않았습니까?"

"남편 말인가요, 형사님에게 이런 말씀드리기는 좀 우습지만, 집안의 중요한 일은 전부 제가 결정해요. 이럴 때 그 사람 와 봐야 별 도움 안 됩니다."

"예, 알겠습니다. 좋습니다. 그 협박장을 좀 볼까요."

형사는 부인이 건네준 유괴범의 협박장을 보았다.

'네 아들은 내가 데리고 있다. 아들의 생명이 걱정된다면 천만 원을 준비하고 다음 연락을 기다려라. 섣불리 경찰에 알리면 아이의 목숨은 없다. 추신 : 남편의 용돈을 좀 더 주도록 해라. 그렇지 않으면 아이를 죽이겠다.'

"저어 형사님, 제가 볼 때 마지막 두 줄은 필체가 좀 달라 보여요. 그리고 무슨 유괴범이 남편 용돈 걱정을 하죠?"

70년 무사고 보행자

한 택시기사가 주택가를 달리고 있는데 할아버지가 갑자기 차 앞으로 뛰어들었다.

급정거를 해 간신히 사고를 피한 기사가 화를 내며 말했다.

"할아버지, 누구 신세 망칠 일 있습니까? 전 5년 무사고 운전사란 말입니다."

그러자 할아버지가 하는 말,

"이 사람아! 나는 70년 무사고 보행자야."

찬밥과 주먹밥

작전회의를 끝낸 사단장이 운전병에게 관사에 들렀다 가자고 했다.

관사에 도착해 사단장이 관사 안으로 들어갔다. 그런데 기다리던 운전병이 물이 마시고 싶어 관사 부엌으로 들어갔다.

그런데 마침 방안에서 들려오는 소리가 수상쩍어 들어보니 사단장의 목소리가 매우 숨가빴다.

"여보, 시간이 없으니 그냥 찬밥 먹을게."

조금 전에 식사를 마치고 온 사단장인지라 아무래도 이상해서 운전병은 방문 틈으로 안을 들여다보았다.

"음! 그랬군…"

운전병은 그 찬밥이 서둘러 하는 그 짓이라는 것을 알았다. 그런데 문틈으로 훔쳐본 사단장 부인의 눈부신 알몸이 어른거려 견딜 수가 없었다.

그래서 운전석에 앉아 이른바 사단장과 부인이 함께 '찬밥'을 먹는 상상을 하며 바짓속 물건을 주무르기 시작했다.

사단장이 차에 돌아와 보니 운전병이란 놈이 운전석에 앉아 그 짓거리를 하고 있으니 기가 막힐 수밖에. 지휘봉으로 냅다 머리를 후려갈기며 소리쳤다.

"야, 이놈아. 너 지금 뭐하는 짓이야?"

"사단장님은 자가용에 영업용까지 찬밥 더운밥 마음대로 드시지만, 저는 이런 주먹밥 말고는 먹을 게 없으니까요."

운전 교습

　　오토메틱이 아닌 스틱 차량이 대부분이던 20여 년 전 아줌마들이 차 몰고 다니는 걸 몹시 못마땅하게 생각하는 사람이 한 사교 모임에서 그에 대해 역설했다.

　　"제 아내가 어찌어찌 운전면허를 땄습니다. 글쎄 이놈의 여편네가 그때부터 섹스를 할라치면 전과 달리 자기가 운전하겠다며 내 것을 기어로 생각하는 거예요. 뭐, 그건 그럴 수 있다고 이해했는데, 이게 말이죠. 다 알다시피 남자들 아랫도리 물건이란 게 천천히 1단, 2단, 3단, 4단으로 가볍게 바꿔가며 넣어야 되는데, 단번에 4단으로 넣는 거예요. 제가 여편네들이 운전하는 거 싫어하는 데는 다 이유가 있다 이 말입니다."

지나치면 탈

중년 부인이 남자의 정력에 좋다는 해구신을 구해 곧바로 남편에게 복용을 시켰다. 하지만 웬일인지 한 달이 다 되어도 별다른 소식이 없었다.

"혹시 가짜였나?"

그러나 마침내 남편에게서 해구신의 무서운 효력이 나타나는 그 첫날이 되었다.

남편은 퇴근을 하자마자 아내를 뜨겁게 안았다. 그리고 저녁밥 먹기 전에 또 다시 안아주었다. 그런가 했더니 숟가락을 놓자마자 또 안아주는 것이었다.

아내는 너무 행복했다. 콧노래가 절로 나왔다. 설거지를 마치고 방에 들어왔다. 그런데 이게 웬일! 남편은 그 새를 못 참고 혼자서 미친듯이 자위를 하고 있었다.

참새의 값

사냥꾼이 쏜 총에 빗맞은 참새가 날아가다 밭에 떨어졌다.

사냥꾼 : 그 참새는 내가 쏘아 맞춘 것입니다.

농부 : 무슨 소리야. 내 밭에 떨어졌으니 내 것이지.

두 사람은 실랑이를 한 끝에 서로의 귀싸대기를 각각 50대씩 때려 이기는 사람이 그 참새를 갖기로 했다.

사냥꾼이 먼저 50대를 갈겼다. 농부의 뺨은 벌개지고 퉁퉁 부었다. 이번에는 농부의 차례가 되어 사냥꾼의 귀싸대기를 정조준하여 갈기려 했다.

그러자 사냥꾼은 도망 가면서 소리쳤다.

"아저씨가 참새 가지세요!"

1인승 배

모처럼 일찍 귀가한 남편이 아내와 대낮부터 섹스를 하고 있는데, 때마침 배가 아파서 조퇴하고 돌아온 아들 녀석이 방문을 불쑥 열고 들어왔다.

"아빠 엄마, 지금 뭐하는 거야?"

"응… 재미 있는 뱃놀이 하고 있단다."

"와, 그러니까 엄마가 배네?"

"응, 그런 셈이지…."

"아빠, 나도 탈거야."

"그건 안돼. 이 배는 1인승이거든."

핑계 없는 무덤

절에서 한 땡초가 닭을 잡아 털을 벗기다가 지나가던 행인에게 들켰다.

"아니 스님……. 불가에서 어찌 살생을……."

"글쎄, 이 녀석 불심이 어찌나 깊은지 머리 깎고 입산수도를 하겠다지 뭡니까."

어떤 입장료

아름답고 매력적인 아가씨가 비키니를 입고 수영을 하다가 그 만 수영복이 찢어졌다.

당연히 남자들의 시선이 집중되었다. 그녀는 당황한 나머지 쩔쩔매다가 옆에 있는 안내판으로 그 곳을 가렸다.

그러자 남자들의 눈이 일제히 그 안내판에 꽂혔다.

이에 그녀는 눈을 아래로 하여 그 안내판을 보았다. 안내판 문 구는 이렇게 쓰여 있었다.

'남자 전용 수영장'

그녀는 당황해 하며 얼른 다른 팻말로 바꿔 가렸다.

그런데 이번엔 남자들이 모두 입을 헤벌리고 쳐다보는 게 아닌 가. 그녀는 다시 팻말을 보았다. 그 팻말에는 이렇게 쓰여 있었다.

'수심 2m'

그녀는 또 다른 팻말로 가렸다.

그랬더니 이번에는 어린 아이까지 눈을 휘둥그레 뜨고 쳐다보 고 있었다.

'대인 5,000원 / 소인 2,000원'

머리 나쁘면 평생 고생

시골에서 올라와 슈퍼마켓에서 알바를 하고 있는 춘삼이가 오 랜만에 친구를 만났다.

친구가 말했다.

"그래, 슈퍼마켓 일하기가 어떠냐?"

춘삼이 이에 대답했다.

"쫓겨났어. 주인이 나처럼 머리 나쁜 인간은 첨 봤대. 사실 할 말이 없더라구…."

"아니, 어느 정도길래?"

"물건 값을 외울 때쯤 되면 그 물건 값이 또 올라있더라구."

아빠를 주면 안 될까요

'어린이 날'이 되어 엄마가 아들에게 이웃에 병든 엄마와 사는 가난한 소년가장 얘기를 들려주고 있었다.

"얘, 아빠도 없이 불쌍한 그 아이에게 네 축구공을 주면 안 될 까?"

엄마의 말에 아이가 말했다.

"축구공보다 아빠를 주면 더 좋아할 거예요"

문상객

임종을 보기 위해 자식들이 둘러앉아 있는 가운데 아버지는 지난날을 회고하며 유언을 했다.

아버지가 아들에게 말했다.

"얘들아, 너희 엄마 부침개 솜씨는 정말 최고였단다. 마지막으로 먹고싶구나. 가서 부침개 한쪽 가져다 다오."

이에 아들이 부침개를 가지러 갔다. 하지만 왠일인지 아들의 손에는 부침개가 들려있지 않았다.

"어째서 빈 손으로 왔느냐?"

"엄마가 그러는데요. 내일 문상객들 대접할 것밖에 없데요."

어떤 광고

낡은 팬티 하나로 버티는 대학생이 있었다. 그 대학생, 어느 날 학교에서 체육복으로 갈아 입다가 같은 과 애들에게 낡은 팬티를 들키고 말았다.

너무 창피한 나머지 다음날 누나 팬티를 훔쳐 입고 학교에서 팬티를 신나게 자랑했다.

하지만 이 한심한 친구. 한편으로 누나에게 야단 맞을 것이 두려워 열흘이 넘도록 집에 들어가지 않았다.

역시 팬티가 하나뿐인 그의 누나가 그 사실을 알고 학교신문에 광고를 냈다.

'××야, 팬티가 없어서 이 누나도 지금 학교를 못 가고 있어. 다 용서할테니 무조건 돌아와라.'

연날리기 중계방송

방송사에서 어느 연날리기 대회를 중계하고 있었다.

아나운서 : 연날리기에 정말 좋은 날씨네요.

해설자 : 예! 그렇습니다.

아나운서 : 아! 드디어 제1연이 올라가는군요.

해설자 : 예! 제2연도 올라갑니다.

얼마 안 있어 16연에 이어 17연이 올라갔다.

아나운서 : 아! 십칠연과 십팔연이 엉켰군요.

해설자 : 예! 그렇습니다. 저런 연을 쌍연이라 하죠.

이 때 예정시간보다 연날리기가 오래 걸리자 주최자 측에서 안내방송을 통해 나머지 연을 한꺼번에 날리라고 했다.

아나운서 : 여러 가지 연이 동시에 올라가는군요.

해설자 : 저런 연을 뭐라고 부르는지 아십니까? 바로 잡연이라고 부릅니다.

아나운서 : 예! 그렇군요.

그런데 그때 연 한 개가 비실비실 떠올랐다.

아나운서 : 어! 아직 한 연이 남았네요. 저렇게 비실비실 올라가는 연은 무엇입니까?

해설자 : 예! 개연입니다.

주제 파악

단골손님이 온갖 정성을 들인 끝에 마침내 꿈에 그리던 다방 마담과 하룻밤을 보냈다. 그러나 뜻밖에 큰 실망을 했다.

은근히 부아가 치밀었다. 그래서 그 마담에게 분풀이를 할 속셈으로 이튿날 친구를 다방으로 불러내 마담과 동석한 자리에서 말했다.

"여보게! 어젯밤에 내가 어느 집에 놀러갔는데, 대문은 널찍한데 정원에는 잡초만 무성하고 하수도 처리가 잘 안된 바닥은 온통 질퍽하고, 문지방은 사람들의 왕래가 많았는지 반질반질하더라구. 그리고 방안에 들어가 보니 쓰잘데 없이 넓기만 하여 도무지 다시는 가고 싶은 마음이 싹 달아나더라구."

그러자 마담이 앙칼진 목소리로 말했다.

"글쎄요… 내가 볼 땐 손님이 워낙 작으니까, 뭐든 넓게 보이는 것 같은데요?"

증거

하숙집에 일곱 명의 남자와 한 명의 여자가 함께 하숙을 하고 있었다.

어느 날 그들 중 한 사내가 여자의 방에 들어가 강간을 했다. 하지만 어두웠던 탓에 도대체 누구인지 알 수가 없었다. 그런데 일주일 후 그 여자는 경찰에 하숙생 한 명을 지적하여 고발했다.

경찰 : 어떻게 그 남자라는 것을 알았죠?

여자 : 그 남자가 그 날로부터 정확히 일 주일 후에 비뇨기과에 가는 것을 보았거든요.

손^{빨래}

노모를 모시며 한 방에서 사는 신혼부부가 있었다. 이 때문에 '세탁기 돌리자'라는 암호를 정해 놓고 그 암호를 주고받는 날은 모텔에 가서 자기로 했다.

어느 날 늘 그렇듯 신랑이 암호를 말했다.

"오늘 밤 세탁기 돌리자."

그러자 신부는 귀찮다는 듯 대답했다.

"어제 밤에 돌렸잖아요."

이 말에 신랑은 아쉽게 생각하며 자위를 했다.

그런데 조금 후 신부가 암호를 건넸다.

"여보, 세탁기 돌려요."

이에 신랑은 별 생각 없다는 듯 대답했다.

"조금 전에 손빨래 했어."

그냥 넣어요

옛날 조선시대에 스무 살 청년이 과거 남자관계가 복잡했다는 소문이 난 처녀와 혼인을 하게 되었다. 그 역시 그런 소문을 들어 알고는 있었지만, 소문은 소문일 뿐이라며 무시하기로 했다.

하지만 막상 첫날밤이 되자 불쑥 의심이 고개를 쳐들었다.

그는 색시가 숫처녀인지 확인해 보고 싶었다. 해서 신부의 그곳을 슬슬 문지르고 손가락으로 찔러보면서 추리를 했다.

'음, 구멍이 이처럼 막혀 있는데, 굵디 굵은 것이 어떻게 들어갈 수가 있을까. 색씨는 숫처녀가 분명하다. 음, 칼로 찢어 틈을 벌린 다음에 그것을 넣어야지.'

그는 왼손으로 신부의 음문을 양쪽으로 벌리고 그 곳을 찢기 위해 오른손으로 칼을 집어들었다.

그 때였다. 신부가 외마디 소리를 질렀다.

"저, 지금껏 내 그 곳을 칼로 찢고 넣은 사내는 단 한 명도 없었어요! 내 말을 제발 믿으세요. 그냥 갈라진 곳으로 비집고 넣으세요. 그럼 쑤욱 하고 들어가니까요!"

"아니, 뭐라고……?"

놀다 가이소

경상도 남녀가 신혼 첫날밤에 열심히 시도를 하고 있었다. 신랑이 신부 배 위로 올라가자 신부가 쑥스러운 듯 말했다.

"뭐 할라꼬예?"

이에 신랑이 말했다.

"저짝으로 넘어갈라꼬,"

그러면서 신부 반대편으로 넘어갔다. 잠시 후 또 신랑이 신부의 배 위로 올라갔다. 신부가 앞서와 똑같이 물었다. 이에 신랑도 똑같은 대답을 하고는 신부 반대편으로 넘어갔다.

기다리다 지친 신부는 신랑이 또 배 위로 올라오자, 이번엔 기다렸다는 듯 재빨리 말했다.

"이번엔 한참 놀다 가이소."

을순이의 죽음

방년 십칠 세의 갑순이와 을순이는 동네의 절친이었다. 그 중 갑순이가 먼저 시집을 가게 되었다.

"갑순아, 시집 가서 참 좋겠다."

"응, 너무 좋아."

며칠 후 마침내 갑순이는 혼례를 하고 첫날밤을 지냈다. 을순이는 갑순이가 너무 부러웠다.

"갑순이년, 지금쯤 꿀맛이겠지……."

그 후 며칠이 지났다.

시집간 갑순이가 을순이를 찾아왔다.

"그래, 첫날밤 어땠니?"

을순이는 갑순이를 보자마자 첫날밤 일부터 물었다.

"흥, 말도 마."

"그래 갑순아, 네 신랑 것이 얼마만하든?"

"아유, 그걸 어떻게 한마디로 말할 수 있겠니?"

"그럼?"

을순이는 호기심에 가득 차서 물었다.

"넌 아직 모르겠지만, 그게 완전 도깨비 방망이더라구. 처음에는 손가락 두 개만하던 것이 좀 있다 인두자루로 바뀌더라구. 그러더니 곧바로 용머리가 되어 불끈 치솟더라니까."

"어머나, 그것 참 신묘하구나."

을순이는 침을 꿀꺽 삼켰다.

"그렇다니까, 그 다음은 아유, 말도 마. 그 방망이가 사정없이 아랫도리를 헤집는데……."

"들어오는가 싶더니 그, 그래서?"

"사지가 녹아나는 것 같더라구."

이렇게 말하며 갑순이는 을순이 허리를 잡고 부르르 떨었다.

"글쎄, 설마 그렇게까지일 줄이야……."

을순이는 또 한 번 침을 꿀쩍 삼켰다.

"글쎄, 그게 내 사타구니에 스르륵 하고 닿을 때마다 세상이 빙빙 돌더라니까."

"어머나, 그렇게까지……."

"그런데 거기까진 아무 것도 아니야. 그것이 스르르 내 구멍 속으로 들어오는데 온몸이 녹아버리는 거야."

을순이는 거의 혼이 나간 상태였다.

"어디 그 뿐인 줄 아니? 퍽퍽 소리를 내면서 그걸 넣었다 뺐다 하는데, 나도 모르게 신음소리가 터져나오더라구. 그런가 했는데 그 다음에는……."

여기까지 얘기를 이어가던 갑순이가 을순이를 보며 갑자기 소리를 질렀다.

"얘, 을순아, 을순아, 정신 차려!"

을순이는 아무 말도 없었다. 을순이는 갑순이의 얘기를 듣다가 그만 숨이 넘어간 것이다. 갑순이는 을순이를 부여안고 엉엉 울었다.

" 이런 바보 같은 년, 마지막이 진짜인데!"

아가씨는 안 주나요?

시골 청년 하나가 신문 광고 쪼가리를 들고 헐레벌떡거리며 어느 대형 가구점을 찾아왔다.

"여기가 가구점입니까?"

"네, 그렇습니다."

"침대를 사려구요."

"어떤 침대를 원하십니까?"

청년은 신문광고를 보여주며 말했다.

"이 침대입니다?"

"와, 손님 안목이 대단하시네요."

청년은 침대값을 지불하고 트럭에 침대를 실었다. 그리고는 다시 신문광고를 보여주며 말했다.

"이 신부는 어디 있어요?"

"그 여자는 신부가 아니고 광고모델인데… 왜요?"

"제가 이 신문에 난 그대로 돈을 지불했잖아요. 그런데 어째서 침대만 주고 아가씨는 안 주는 겁니까?"

선물을 놓고 가는 도둑

도둑이 물건을 한 보따리 훔쳐 집으로 돌아가던 길에 한 집을 더 털기로 하고 어떤 집에 숨어들었다. 그런데 그 집은 경찰관의 집이었다. 물론 도둑은 그 사실을 까맣게 몰랐다.

마당을 지나 안채로 들어가기 위해 창문으로 들여다보니 경찰관이 험상궂은 얼굴로 이쪽을 노려보고 있었다.

도둑은 그만 혼비백산하여 들고 온 보따리도 잊은 채 그 집에 놓아 두고 줄행랑을 쳤다.

경찰은 소리를 지르며 도둑을 쫓아 나갔다. 하지만 도둑은 이미 사라졌고 못 보던 보따리 하나가 놓여 있었다. 풀어보니 가죽옷이 한 벌 들어있었다.

"이야! 이 옷 내가 평소 입고 싶었던 옷이잖아. 저 사람 아마도 내게 신세를 진 사람 같구먼. 드러내놓고 내게 선물하기가 계면쩍었던 모양인…. 허참! 그래도 그렇지. 굳이 도둑질하다 들킨 사람처럼 저렇게까지 달아날 일이 뭐 있담."

ㄱ놈과 그년의 차이

한 겨울 살을 에이는 추운 날, 한 아가씨가 발을 동동 구르며 30분 넘게 택시를 기다리다 마침내 빈 택시가 오는 걸 보고 재빨리 손을 들었다.

그런데 갑자기 웬 사내가 잽싸게 달려와 택시에서 올라탔다. 이에 여자가 사내를 향해 욕을 퍼부었다.

"야, 이 ××놈아, 어디서 새치기를 해!"

이에 택시 안의 그 사내가 맞받아쳤다.

"입 두 개 달린 ×년아! 아가리에 걸레를 물었니? 어디서 쌍욕이야!"

여자가 지지 않고 되받았다.

"꼴에 대가리 두 개 달렸다고 주접을 떨고 자빠졌네!"

너처럼 죄다 알바야!

　배가 몹씨 고픈 사람이 원숭이 동물원 앞을 지나가다가 알바를 구한다는 광고를 보고 주인을 만났다. 주인은 시키는 대로만 하면 밥을 실컷 먹여주겠다고 했다. 그리고는 원숭이 탈을 주며 할 일을 알려주었다.

　"이걸 쓰고 원숭이 우리에 들어가 노는거야. 그러나 절대로 소리 내어 말하면 안돼, 알았지?"

　그는 주인이 시키는 대로 원숭이 탈을 썼다. 누가 봐도 틀림없는 원숭이었다. 원숭이가 된 이 사람은 곧바로 원숭이 우리로 들어갔다.

　다른 원숭이들이 일제히 이 새로 들어온 원숭이에게 다가 왔다. 그런데 갑자기 등 뒤에서 누군가 자신의 등을 툭 치는 것이었다. 뒤돌아 보니 한 원숭이가 귀에 대고 속삭이듯 말했다.

　"신참, 잘해 보자구"

　세상에 말을 하는 원숭이라니! 너무 놀라 할 말을 잃고 그 원숭이를 쳐다보았다.

　"놀랄 것 없어. 여기 있는 원숭이들, 너처럼 죄다 알바야!"

다 이유가 있었다

엄마가 야채 트럭에서 과일 배추, 무를 샀다. 옆에서 이를 지켜보는 아이에게 야채장수가 팔던 버찌를 한 웅큼 쥐어주며 말했다.

"애야, 이 버찌 먹으렴."

하지만 아이는 얼른 받지 않고 머뭇거렸다.

"너 버찌 안 좋아하는구나"

"좋아해요."

"그런데 왜?"

야채 장수는 아이의 모자를 벗겨 버찌를 수북하게 담아주었다. 집에 와서 엄마가 물었다.

"너 버찌 좋아하면서 처음에 왜 안 받았어?"

"처음에 받았으면 조금밖에 못 받잖아,"